ピンを狙うのではなく、
〝落とし場所〟に
意識を集中
することが
アプローチで
ミスを少なくする秘訣。

「距離感」は〝フォロー〟で出すもの。
〝テークバック〟のことは
一切考えていません。

ショートゲームには上手くなる「順番」がある

アプローチ&パットの技63

藤田寛之

GOLF スピード上達シリーズ

KKベストセラーズ

まえがき

プロの試合では楽にパットを打てた人が勝ちます。しかし、〝ベタピン〟ショットを連発するのは無理。なにしろ、パーオンできないことのほうが多いくらいです。そうなるとなおさらパットを楽に打てる人が有利になります。プレッシャーのかかるパーパットより、ストレスのないパーパットを打つほうが楽にゲームを運べるからです。

そこで大切になるのが「ショートゲーム」の技術。パーオンできなくても高い確率でワンピン以内に寄せるアプローチと、それを確実に沈めるパットです。これはアマチュアの方も同じ。ショートゲームが上手いと、ダボがボギーに、ボギーがパーになります。

ドライバーが飛んでいる人はスコアがいいように感じますが、上がってみるとそうでもなかったりします。反対にドライバーが飛ばなくても、曲がっても、アプローチでピンに寄せ、ワンパットで収める人がいます。こんな人は上がってみると意外と叩いていない。ショートゲームが上手い人はスコアがまとまるのです。

私もその口です。アプローチとパットでしのぎ、人がボギーを打つホールでパーを拾う。また、少ないチャンスを確実に決めてバーディを取る。これまでずっと、そんなゴルフで

まえがき

戦ってきました。これは誰に言われるでもなく、自然に培われたスタイル。早くから競技に出ていた私が、その世界で生き残るために選択した方法です。

私がジュニアだった時代の九州には、手嶋《てしま》多一《たいち》さん、米倉《よねくら》和良《かずよし》くんをはじめ、ショットメーカーがたくさんいました。ドライバーで飛ばし、アイアンでピシッと止める。〝怪童〟とか〝天才〟とか言われた人たちですから凄いゴルフをしていました。それに比べて私は飛ばないし、アイアンもヘロヘロのボールでした。そんな私が競技で上位を目指すにはどうするか？　ショートゲームを磨くしかありません。父にはよく「なにがなんでもパーを取れ！」とハッパをかけられましたが、これも息子のゴルフを見越してのことだったと思います。

ゴルフではおもにスイングを対象に、さまざまな理論が取り沙汰されています。しかし、自然を相手にする性格を考えると、結局は〝感覚〟のゲーム。一種のボール遊びです。

その中にあってショートゲームは、ボール遊びの要素が顕著に現われるジャンルだと思います。カップにボールを近づけるためにラフや傾斜から打つ、高く上げる、転がすなど工夫を凝らす必要があります。ベストの結果を得るために、イマジネーションを駆使して遊ぶ。ショートゲームで体感することには、ゴルフの本質的な部分があります。これがスケールアップすればショットマネジメントになるわけで、いわば「ゴルフのミニチュア版」がショートゲームというわけです。

ショットは大事です。でも、どんなにショットを練習したところで、ショートゲームが上手くなるイメージは湧きません。ところが、ショートゲームが上手くなるとショットは良くなります。これはプロの間では常識。「ショットの基本は30ヤードのアプローチにある」という言葉はその典型です。30ヤードのアプローチを繰り返すとクラブをスクエアに動かせるようになり、自分のスイングプレーンを意識できます。これがショットにつながることは、みなさんも容易に想像できるでしょう。もちろん私も実感しています。

スコアアップの最短距離は「ショートゲーム」を磨くことです。ショットに、〝水モノ的〟な面が多々あることを考えると、スコアを縮める方法はこれしかないといっても過言ではありません。そしてその大前提にあるのが、いかに楽なパットを打つかです。ですから、ショートゲームではボールがどこにあっても、まずラストパットを考えます。パットから、、、逆算して考えることがいい結果をもたらし、その延長線上にカップインがあるからです。

かつて私は『ゴルフには上手くなる「順番」がある』という本を著しましたが、同様にショートゲームの上達にも「順番」があります。本書ではその「順番」を追って、私が身につけてきた〝パットから逆算するショートゲームの基本〟をお伝えしていきます。

本書で紹介するのは私のやり方ですから、みなさんが一から十まで従う必要はありません。個々にしっくりくることだけやっていただければ結構です。自らの感性を信じて続ければ、すべてのゴルファーのショートゲームの上達に役立つと確信しています。

ひとつだけお願いがあるとすれば、「途中であきらめずに、結果が出るまでやってほしい」ということ。

多くの人はショートゲームを練習する環境に恵まれていません。ボール一球が何十円もするような練習場では、なかなか思いきった練習はできませんし、なにをやっていいのかわからない部分もあると思います。そんな人は、部屋の絨毯の上でスポンジのボールを打ったり、ボールを打つイメージで素振りをするだけでもOKです。

基本を理解して続けていけば、ショートゲームは絶対に上手くなります。

藤田寛之

ショートゲームには上手くなる『順番』がある

Contents

第2章

「パッティング」のセットアップとテクニック

【パットが上手くなる「順番」Part2】

第3章

「アプローチ」の考え方と基本

【アプローチが上手くなる「順番」Part1】

第4章

【アプローチが上手くなる「順番」Part2】

「アプローチ」のセットアップとテクニック

第5章

【アプローチが上手くなる「順番」Part3】

実戦で役立つ! 「アプローチ」の技

※本文の写真は、「練習ラウンド」のものです。

序章

ショートゲームの上達に必要なこと

最終パットを想定し、
アプローチを楽しむ。
まず、そこから
スタートしましょう！

Step 01

ショートゲームの上達のカギはパットからの逆算にあり!!

「ショートゲーム」とは〝アプローチ〟と〝パット〟の総称です。この本ではおもに、私がフルスイングしないでピンを狙う60ヤード以内のアプローチと、グリーンに乗ってからのパッティングをベースに話を進めていきます。

ショートゲームでは、まずアプローチを考える人が多いと思います。ピンに近づけるにはどう打ったらいいか、ボールの側から寄せ方を考えるわけです。でも、私に言わせればこれは逆。**私の場合、ショートゲームに臨むときは、必ずカップ側から考えます。**

パット数をいかに減らすかは、スコアを縮める大きなポイントです。アプローチやファーストパットが、プレッシャーなく〝2パット〟以下で沈められる距離につけられれば、スコアは格段に安定してきます。

この事実を踏まえると、ショートゲームはパットから考えることが必然だと言えます。アプローチをする前に、どのラインから打つパットが一番やさしいのかを入念にチェックし、そのエリアでできるだけカップに近いところに寄せることを考える。比較的やさしい状況ならカップインまで思い描くこともありますが、いずれにしてもアプローチの算段をするのはそのあとです。楽なパットを打つにはどんな攻め方をすればいいかを考え、クラブを選び、アドレスからスイングに向かうのが正しい手順。私のショートゲームは、つねに〝ラストパットのイメージ〟の上に構築されるのです。

ショートゲームのスタート地点をパットにする以上、パッティングをある程度のレベルに高めておかないとはじまりません。ということで、この本では「第1章」と「第2章」にわたる多くのページをパッティングのためにさいています。

また、さまざまなパットがある中で、もっとも重要なのは「ショートパット」です。アマチュアの方であれば、80センチから1・2メートルのパットだと考えています。その理由など詳細は本編に譲りますが、この距離は誰でも真っすぐ打つことができ、練習も手軽にできます。事実、私の周りの研修生たちにも「ショートパットの練習は毎日欠かさないように！」とアドバイスしています。

ショートパットがカップインする確率が上がることで、3パットが激減します。私にとって、OBの次にやってはいけないのが3パット。その意味でもパットはショートゲーム、いやゴルフ自体を構築するための大切な土台なのです。

Step 02

「どうやって打つか」ではなく、「どんな球を打ちたいか」を考える

なんでもそうですが、遊び感覚でやっているうちは楽しいものです。ゴルフもそうで、楽しんでいるうちは練習でもラウンドでも自分なりに創意工夫をします。

たとえば、練習場でスライスを打つ場合。誰もがフェースを開いたり、カット軌道でスイングするでしょう。逆にフックを打つなら、フェースを閉じたり、インサイド・アウトに振ろうとするはずです。

こんなことをやっていると、ボールをターゲットに運ぶにはどうすればいいかが、なんとなくとわかるようになります。**遊びの要素を取り入れることで、ある種の感覚が備わってくる。**理屈ではなく「こうしたら、こうなる」という仕組みが感覚的につかめるのです。

ところが壁にぶつかって上手くいかなくなると、どこかに救いの手を求めます。そうやってたどり着くひとつのパターンが〝型にはめる〟ことです。

これはショートゲームにも言えること。よくアマチュアの方に「アプローチはどうやって打てばいいんですか?」と聞かれます。そんなときにまず思うのは「この人はなにをし

たいのだろう?」「どういうボールを打ちたいのだろう?」ということです。

しかし、尋ねてみてもほとんどの方は、「なんでもいいからとにかく寄せたい。上手く当たらないのでお願いします」の一点張り。その場で打ち方を聞いて、なんとかしようと考えるのです。私から見ると、これが型にはめるということです。

はっきり言って、これでは上手くなれません。ショートゲーム巧者になるには、ある程度の〝経験〟と〝練習量〟が必要です。誰かに打ち方を聞いて型にはめたところで、その事実に変わりはありません。ですから、単純に聞いたことを実行しても上手くいくはずがない。たとえ上手くいっても、その場しのぎにすぎません。

このような質問をされる方も練習はしているはずです。であるなら、そこをもっと大切にしてほしい。ある程度やれば必ず、「こうなれば、こうなる」という仕組みがわかってきます。仕組みは万人に共通することかもしれませんし、ご本人だけのことかもしれませんが、いずれにしてもそれが個々の基本になります。

それがわかってきたら冒頭でお話ししたように、大いに遊んでいただきたいのです。基本を軸に、フェースを開いたり閉じたり、打ち込んだりアッパーに振ったりする。型にはめることなく自由に遊べばいい。これが、アプローチが上手くなるコツです!

Step 03

「理論」に傾倒するより、遊んで"対応する力"を身につけよう

「ショートゲームで遊ぶって、どういうこと?」と思う人もいるでしょう。ゴルフに真面目に取り組んでいる人ほど、こんな疑問を抱かれるかもしれません。ですが、遊びですから難しく考えることはありません。

たとえば「ボール位置」を変えてみる。今のボール位置を左右にズラすのです。すでにやっている方もいらっしゃるとは思います。でもアマチュアの方は、せいぜいボール1個分左右にズラす程度。2個分、3個分と大きく動かしている人はほとんどいないでしょう。

アマチュアの方の多くは、正しいやり方を身につけたいと考えています。ですから、自分にとってベストなボール位置だけを知りたがります。もちろん意味のないことではありません。基準を設けるのはいいことです。

しかし、そのボール位置は絶対ではありません。特にアプローチでは、すごく右や左に寄せないと対応できないケースがあります。コースでは平らなライがありませんから、むしろ「自分はここ」と決めたボール位置では打てないことが多いでしょう。そうなると、

2〜3個、あるいはもっと大幅にボール位置を変える状況には対応しきれないのです。

また、ボールの位置は真ん中のまま、「フェースを閉じてインサイド・アウトに」「開いてカットに」振ってみるのもいいでしょう。両者の打球はどう違うのか、地面に落下したボールの転がり方や距離はどうなのかを遊び半分で観察する。するとフェースを開くとボールが上がることがわかり、距離の近いバンカー越えなどに対応できるようになります。

ショートゲームはひとつのやり方だけでは対応しきれません。グリーン周りの状況やグリーンの形状など、プレーする環境や状況が毎回違うため、ひとつの型にはめて対応するには限界があるのです。しかし、今の時代は理論ばかりが先行しています。「こうやれば上手くいく」という言葉に惹かれてやってみる。でも、上手くいかない……。それもそのはず、そのやり方が通用する状況は極めて限定されるからです。

なにかをひとつ学んでも、そこから派生してくるものがないとショートゲームは上達しません。すべての状況に対応できる策を、理論に基づいて構築するのは無理。だから遊ぶべきなのです。これはゴルフにおける本質的なことですから、やれば誰もが上手くなれると思います。ただ、毎日ちょっとずつやらねばならないので、ちょっとキツいかもしれません。だからこそ、〝遊び感覚〟でやってほしいのです。

Step 04

「感覚」を有効に使えるかどうかが、結果を大きく左右する

ゴルフは〝感覚のゲーム〟です。試合でスコアをまとめたいとき、私はテークバックはこう引くとか、トップの形がどうとかといったマニュアル的なことは一切考えません。考えるとすれば、どう打ったらボールを目標に運べるか？　それにはどうするか？　なにに気をつければいいか？　といったことだけ。それもすべて感覚で判断します。

こういった性格がもっとも色濃く出るのがショートゲーム。**距離感にはじまり、打球のイメージづくりも、パッティングのライン読みも、感覚に頼る部分が多くなります。**

感覚と言うと、なにやらつかみどころのないもののように思われるかもしれません。確かに「感覚とはなんぞや？」と聞かれたら「1＋1＝2」という具合に明快な答えは出ません。でも、誰もが備えているもの。ゴルフではそれが最大の武器になります。とりわけショートゲームでは、「感覚を有効に使えるかどうか」が結果を大きく左右するのです。

もちろん、結果を出せるまでに感覚を高めるには、ある程度の経験が必要です。でも、いま以上に働かせるようにすることで、その時間は短縮できると思います。

POINT

「感覚」を有効に使えるかどうかでゴルフの結果が大きく変わる

"感覚のゲーム"であるゴルフの性格が出るショートゲーム。距離感を出す、イメージをつくる、ラインを読むといった場面で感覚が最大の武器になる

Step 05

ミスの原因を特定して“現実を変える”対策をとる

「ショートゲームが苦手」というアマチュアの方が結構いらっしゃいます。そんな人たちのほとんどは、トップやチャックリなど技術的なミスが多い。これが苦手意識を生み、悪循環を招いているのですが、そういった人たちには共通点があります。それは、**「なぜミスが出るのか」がわかっていない**ことです。

悪いところを直すには原因を究明しなければなりません。ミスにはすべからく原因があり、そこを修正すれば起きないようにできます。ですから、まずは自分のミスがなにに起因しているのかを突き止めることが不可欠。わからなければ人に聞いてもいいでしょう。

もし原因らしきものがいくつも浮上してきたら、一つひとつを検証して塗りつぶすのです。こうして原因が特定されれば「またやるんじゃないか……」という恐怖心が薄れます。不安がなくなるだけで、ミスが出なくなる可能性さえあります。

幸いなことに、ショートゲームで起こるミスは多岐にわたりません。少なくとも、ショットのようなスライスやフックは出ませんから、原因の特定は比較的容易です。

たとえば、トップがよく出るとします。これはヘッドが下から上に動くことによって出るミスですから、左右どちらの足に体重を乗せて打っているか？　あるいは、打つときにどこを見ているか？　こういったことを確認すれば原因がわかるというわけです。

ところが、多くの人はクラブを左右対称に振る、テークバックを真っすぐ引く、パターのようにストロークすればいい、といったことを繰り返しています。これでは目の前に起こっている現実に対して直接手を下していることになりません。だからまたミスをする。特に理論を重視している人にはこうなる傾向があると思います。

とはいえ、簡単にミスが消えるかというと、残念ながらそうはいきません。それまでやってきたミスが出やすい動きを体はしっかり覚えています。同じケースに遭遇したら、反射的にぶり返すこともあるでしょう。その上にペンキを塗り重ねるようにしながら、正しいものに変えていかなければからないからです。

しかし、それを続けていれば必ずXデーはやってきます。そこからはいきなりいいほうに向かいはじめ、「なぜこんなことができなかったのか？」と首を傾げるようになるはずです。同じミスを繰り返す自分に戻らないためには、そこを乗り越えること。長いか短いかは人それぞれですが、乗り越えるまでの我慢は必要です。

Step 06

できないことはやらないのがプロ、やろうとするのがアマ

アマチュアの方のほとんどは十分な練習時間がとれず、ラウンド数も少ないと思います。そうなると必然的に多くのことはできません。遊び感覚でなく熱心に練習をしている方ならなおさら。ひとつの打ち方を固める方向に行きがちです。

先ほど（18ページ）お話しした通り、ショートゲームでは毎回違った状況に直面します。ラフもあれば傾斜もある、バンカーから打つことだってあります。でも、そういった状況に対応できる練習をやっている人は少数派です。それなのに、**多くの人は現場に行くと普段はやっていないことをやろうとします。**テレビのトーナメント中継で観たプロのアプローチを、見よう見まねでやるのです。でも、これはまだいいほう。できる可能性が万にひとつ以下でも、目の前の状況を良化できるかもしれないからです。

問題は、100％良くならないなにかをやってしまうこと。たとえば、グリーン奥の左足下がりのライからボールを上げてピンに寄せようとする。そもそも左足下がりのライからボールを上げるのは無理。グリーンの奥からともなると、多くの場合下り傾斜に打つこ

アマチュアはできないこともやろうとする。楽しみと割り切っていればいいが、スコアを崩すのがイヤならやめるべき。プロがなんでもできるように見えるのは、できないことをやらないからだ

とになりますから、ピンに寄せるなんてありえない。プロでも乗れば合格点です。

また、春先に芝が生え変わる時期になると、グリーン周りの芝が薄くなります。場所によっては地肌が見えるくらいのところもあります。そんなところに止まったボールも、上げるのは無理。プロの場合、バンカー越えのアプローチなど、上げなければいけないときだけはサンドウエッジで打ちますが、間違いなくボギー覚悟。一か八かのアプローチになります。でも、アマチュアの方はオートマチックにサンドウエッジを選びます。そして案の定、カツーンとトップしてグリーンの奥まで打ってしまうのです。

この類のミスは未然に防げます。左足下がりの場合なら、今の自分が確実にできることをやって、とりあえずボールを前に進める。無駄な1打のように思えますが、それはそこに打ってしまった代償と考える。この考え方が大叩きを防ぎます。薄芝の例で言えば、状況判断さえできれば大きなミスは起きません。芝が薄いということは転がしやすいということ。ロフトが少なめのクラブや、状況によってはパターでも寄せられるでしょう。

プロがなんでもできるように見えるのは、できないことをやらないから。でも、アマチュアの方はできないことをやろうとする。いわば、ミスするべくしてミスをしています。これを防ぐのに練習はいりません。冷静に自分と向き合い、状況と向き合えばいいのです。

第1章

〔パットが上手くなる「順番」Part1〕

ショートゲームの上達に欠かせない「パッティング」の基本

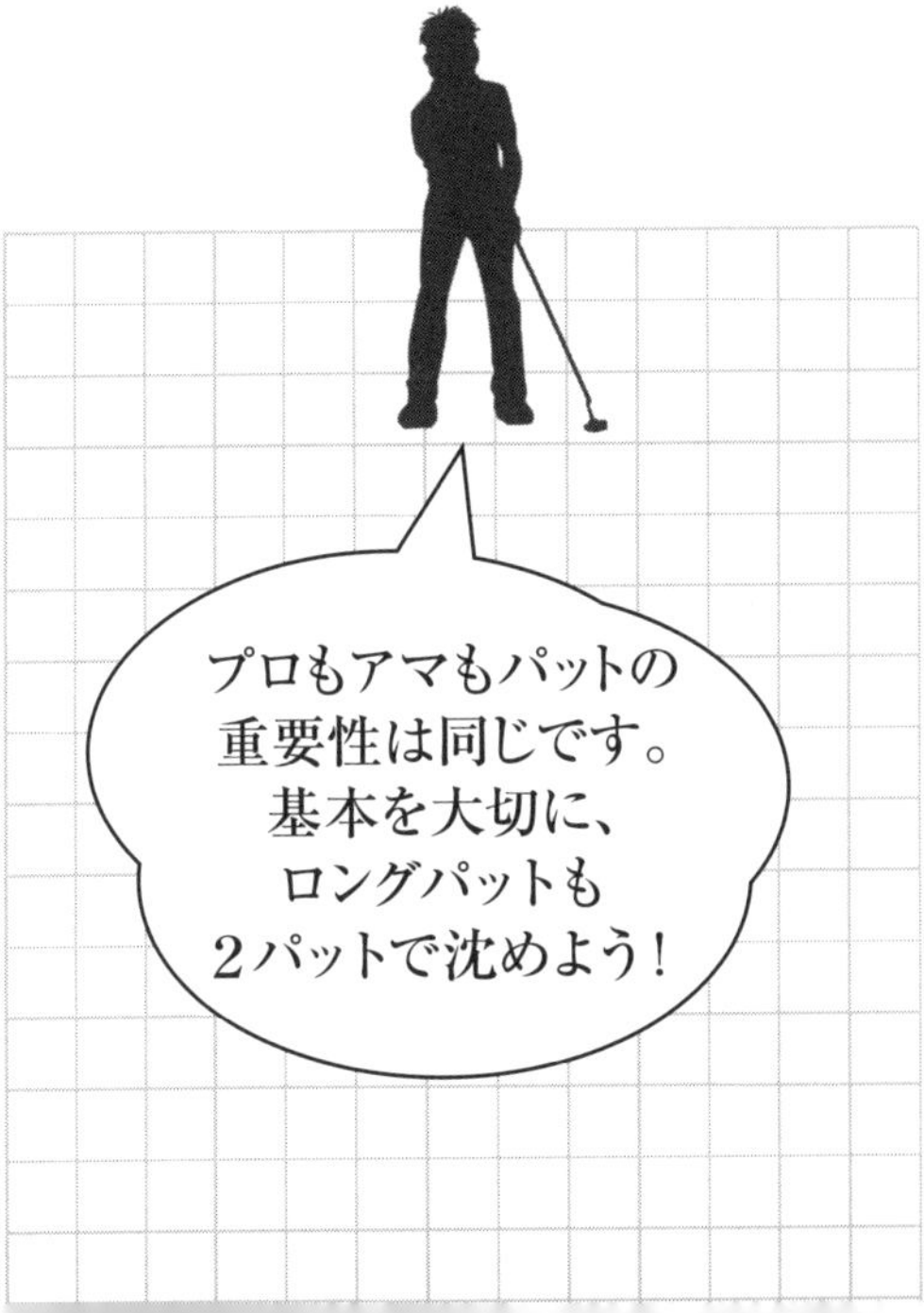
プロもアマもパットの
重要性は同じです。
基本を大切に、
ロングパットも
2パットで沈めよう！

Step 07

流れを左右する〝クラッチパット〟を決められるゴルファーになろう

昔から「パット・イズ・マネー」と言われるように、プロの世界でパットはとても重要です。トーナメントでは必ずと言っていいほど、〝クラッチパット〟と呼ばれる勝敗を左右するパットがあり、強い選手は必ずこのパットを決めます。全盛時のタイガー・ウッズしかり、最近のジョーダン・スピースしかりです。

私にも脳裏に焼きついたクラッチパットがあります。２０１０年の『日本シリーズＪＴカップ』の最終日、18番ホール（パー3）のパーパットです。

この日、17番のパー5でイーグルを奪った私は、通算15アンダーで首位に立っていました。とはいえ、2位との差はわずか1打。パーで上がれば優勝ですが、18番は大会中の平均スコアが3・3に迫る難関ホール。その数字が示す通り、ティショットをバンカーに入れてしまった私に残ったのは、絶体絶命とも言える80センチのパーパットでした。

ご存知の方も多いと思いますが、「東京よみうりＣＣ」の18番グリーンは奥からの急傾斜が有名です。80センチとはいえどもパーパットは右から下りのフックライン。フロントエッジからカップまでは9メートルでしたが、外したらグリーンを出かねない状況でした。同組の選手がプレーしている最中、私はずっと考えていました。「右からふくらませようか……、パチンと打とうか……」。ふくらませればワンパット圏内に止まるかもしれませんが、入る可能性は低い。パチンと打てば入るかもしれないけれど、外れたら間違いなくグリーンエッジまで転がる。「あの傾斜であんなに打つか⁉ バカじゃないの⁉ 2パットでもプレーオフなのに！」と言われるのは目に見えていました。

それはまさに究極の選択。天国と地獄の狭間で心底悩んでいたのです。

おそらく、あのときはパッティングの状態が良く、自分が狙ったところに打てていたのでしょう。さんざん悩んだ挙句、「ふくらまさず、右カップいっぱいからボール1個外したところに打とう」と決めました。普通ならプレーオフもやむなしで寄せるところですが、ふくらませても浅く打っても3パットしたら同じことです。寄せきる自信があるかといえばそうでもない。どちらも難しいなら、入る可能性が高いほうがいい。状態が良かったことも手伝ってその判断に至ったのだと思います。

しかし、心を決めたのもつかの間、打つ段になって思いもしないことが起こりました。アドレスに入ったとたんに体がどんどん傾き出したのです。グリーンの急傾斜のせいでし

決めなければいけない
パットを決められる
プレーヤーが一番強い

レベルを問わず、ラウンドでは誰もが「ここは入れたい」というクラッチパットに遭遇する。流れを左右するこのパットを決められるようになろうた。「ヤバい、体が動いてる！」と焦りながら「えい、打っちゃえ！」とやってしまったのですが、幸運にも打ったボールはカップの左からスコンと入ってくれました。

のちに試合のビデオを見て知ったのですが、私が打ったときに、中継で解説をされていた青木功《あおきいさお》さんが「打ったよ！ 打ったよ！」と2回言われたあと、「すごいよ!!」と言ってくれていました。身をもってあのパットの難しさを知っている青木さんだけに、その口から出た言葉は嬉しかった。私のプロ人生で一番嬉しかったひと言かもしれません。

これほど切羽詰まっていなくても、クラッチパットは必ず存在します。たとえば、前のホールでボギーを叩いた状況で打つ難しいパーパット。連続ボギーはダメージが大きいので絶対にミスができません。アマチュアの方の場合なら、ＯＢを打ったホールでのボギーパットやダボパットなどがそれにあたります。ＯＢを打ったホールに限って3パットして大叩き、というパターンになる人も多いのではないでしょうか。

2メートルくらいのクラッチパットは、ラインがどうであれ入れなければいけません。なぜなら、これらは明らかにラウンドの流れを左右するからです。ラウンド巧者はこのようなパットを必ず入れてきます。クラッチパットであることを感じ、それを決められるようになればパットは及第点。ここをターゲットにパットを学んでいきましょう。

Step 08

自分の感覚に従って打ったときの距離感が一番頼りになる

習得すべきことがたくさんあるのがパット。同時進行で多くを身につけていければ理想的ですが、アマチュアの方には難しい注文でしょう。であれば、**まずは「距離感」、特に「ロングパットの距離感」を養うことからはじめましょう。**

パットでは「タッチが合う、合わない」という言い方をしますが、タッチとは距離感のこと。言うまでもなく、距離に対する感覚ですから、私は自分の感覚を頼りにしています。

感覚頼りとは対照的に「右足の前までテークバックしたら5歩の距離転がる」というように、マニュアル的に打つべき距離を割り出す手法があります。これは距離感を出すうえで目安にはなるかもしれませんが、真の距離感は身につきません。

たとえば、平らなところでスタンス幅と同じ振り幅で打ったときに、ボールが5歩分の距離転がるとします。でも、同じ5歩でも上りや下りはどう振ればいいでしょう？　朝のパッティンググリーンで「今日は3メートル80センチ転がる」と確認できても、5メートルのパットにはどう対応するのか？　前者は上りや下りの分を、後者は1メートル20セン

振り幅と距離の関係をつかみ、マニュアル的に距離感を出す方法は使わない。距離を合わせるうえでひとつの目安にはなるかもしれないが真の距離感はつかめない。

チの不足分をアジャストしなければなりませんが、それはどうするのでしょう？「そこは感覚ですよ」と言うのなら、最初から感覚で打てばいい。全面的に否定するつもりはありませんが、「マニュアル的にやって意味があるのか？」と思わずにいられないのです。

パットがグリーンに影響される以上、マニュアル的に動いたら結果はその都度変わります。そう考えると**「こう打ったら10メートル」という絶対的なストローク法は存在しません。**だからこの手法ではゴルフの本質には迫れない。また、本来の自分とも向き合うことができません。

ロングパットの距離感が合わない人は一旦パターを置き、適当な目標に向かってボールを投げてみましょう。1球目が飛びすぎたら、2球目は加減をして投げるでしょう。1球目は14メートルだったのが、2球目には7メートルになるかもしれませんがそれでOK。こうした対応の積み重ねが信頼できる距離感をつくり上げます。

人間ですからいきなり決めた距離になんて打てません。でも、人間だからこそ打てるようになります。感覚を養うことで、距離、傾斜、グリーンのコンパクション、コースなどが変わっても対応できるようになります。最終的には感覚で打ったときの距離感が一番頼りになるのです。

感覚で打ったときの距離感が一番頼りになる。これを知ることでゴルフの本質に迫り、本来の自分と向き合えるから、状況が変わっても対応できるようになる

POINT

打つ距離をストローク幅で決めるのはナンセンス

Step 09

「距離感」＝「ボールスピード」。ショートしないスピードをイメージする

私の場合、「距離感」＝「ボールスピード」です。狙ったところに届くスピードで打つには、どのようにストロークし、どんな強さで打てばいいかをイメージします。

一般的にパットは、カップを20～30センチオーバーするくらいのタッチで打つのがベストと言われます。これは事実だと思いますが、私はその強さで打とうと考えたことはありません。練習ではそのつもりで打ってみることがあっても、本番ではやりません。

なにを考えているかといえば、ボールスピード。もちろん、上りと下りではイメージが変わります。**上りは勢いのあるボールで届かせる。下りはやっと届くスピードで届かせる。**上りは奥に、下りは手前に仮想のカップを設定し、そこに入れるように打つ方法もありますが、私はスピードをイメージしたほうがタッチが合います。

アマチュアの方とラウンドするときには、「ここにカップがあるつもりで打ってください」と言うこともありますが、それで上手くいく人は必ずしも多くありません。心あたりのある方は、私のようにボールのスピードをイメージしてみてください。

狙ったところに届くスピードでボールを転がすには、どのようにストロークし、どんな強さで打てばいいかをイメージする。ボールスピードをつかめれば距離感が出る

Step 10

距離感は〝フォロー〟で出すもの。〝テークバック〟は気にしない

距離感を合わせるのに必要なボールスピードは、インパクトの強さでコントロールしますが、**インパクトの強弱はフォローの大きさやストロークの速さで調節しています**。

アマチュアの方の8割以上は「テークバックを真っすぐ引く」とか「テークバックとフォローは左右対称」などと考えるようですが、私にとってこれはまったくのナンセンス。**テークバックのことは一切考えていません。**

丸めた紙くずをゴミ箱に投げ入れることを想像してください。投げるときに「どこまでテークバックしよう」と考える人はいないはずです。キャッチボールでもそうです。投げる距離に合わせてフォローの出し方や手を振る速さはイメージしても、テークバックの大きさなど考えません。

パットもこれとまったく同じで、テークバックの大きさを決める必要はありません。もっと言えば、「右サイドのことは考えなくていい」。極論に聞こえるかもしれませんが、私は実際にそうやってパッティングしています。

POINT
テークバック（右サイド）のことは一切考えなくていい

キャッチボールをするとき、投げる距離に合わせてフォローの出し方や手を振る速さはイメージすることはあっても、テークバックやバックスイングの大きさは意識しない。パットもこれと同じでいい

考えるのは、おもに〝フォロー〟のこと。ロングパットを前にしたら「ここまでフォローを出せば届くかもしれない」と考えてイメージを出します。もちろん、その通りにフォローが出せるかはわかりません。でも、それをやれば大抵は上手くいきますし、結果に納得もできます。たとえテークバックとフォローが同じ振り幅で、左右対称のきれいな振り子運動になったとしても、それは結果的にそうなっただけ。偶然の産物です。

世界のツアープロも含めて、「パターの上手い人のテークバックは必ずここに上がっている」という法則があるのなら私もちょっと考えますが、青木功さん、谷口徹《たにぐちとおる》さん、小田《おだ》孔明《こうめい》くん、谷原秀人《たにはらひでと》くん、みんな違うところに上がっています。でも、ダウンスイングからインパクト、フォローはみんな同じ形です。

「パットの調子がいいときは〝左サイド〟のことばかり考えている」。これはツアーの現場で多くのプロが言っていることです。逆に**「調子が悪くなると〝右サイド〟のことを考えはじめる」**。これが、わけがわからなくなる原因だと思います。

パットの成否に右サイドは関係ありません。関係ないことは考えなくていい。テークバックやトップは気にせずに、距離感出しはフォローに頼りましょう。フォローを出しながら、ボールの転がりをイメージすればいいのです。

POINT
パットの調子がいいときは左サイドのことだけを考えている

プロもみな、いろんなところにテークバックが上がるが、フォローの出方はほぼ同じ。パットの成否に右サイドの動きは関係ない。距離感を出すポイントはフォローにある

Step 11

「目標を見て数回素振りをする」だけで距離感がアップする

パットの距離感を出すには〝視覚〟を使うのも効果的です。

キャッチボールを想像してみてください。ボールを投げるときは必ず相手を見ています。より正確にコントロールしようと思ったら、相手の胸やグローブなど、さらに見るポイントを絞って投げます。バスケットのフリースローも同様。目標をしっかり見て投じます。

あいにく、ゴルフの場合はターゲットを見ながら打つことができません。中にはボールを見ず、カップを見て打つ選手もいますが、普通は不安が先に立ち、当てることだけに全神経を使ってしまうのがオチです。

ただ、目から入ってくる情報はかなり正確ですから、使わない手はありません。そこで**おすすめしたいのが「目標を見て行う素振り」です。**

打つ前のルーティンでも、アドレスに入ってからでもいいのですが、目標だけを見てストロークがインプットされるまで数回素振りを行うだけでいい。そのイメージが消えないうちに始動して、同じようにストロークすれば距離感がかなり合ってきます。

目標だけを見て数回素振りを繰り返してストロークをインプット。そのイメージが消えないうちに始動して同じように振れば距離感が合う

Step 12

直線的に打つ？ ふくらませる？自分のタイプを見きわめる

ボールスピードに基づいて距離感が出るようになると打つべきラインが決まりますが、ボールを打つ強さの感覚は人それぞれ違います。つまり、**個々のタッチによってラインは変わる**ということ。2メートルのスライスラインを1メートルオーバーのタッチで打つ人はカップを狙えばいいかもしれませんが、やっと届くタッチの人ならばボール1個分左に外す、という具合にラインの読み方がガラッと変わるのです。

また、ストロークの軌道によってもラインは変わります。同じフックラインでも、フェースが閉じて当たりやすいカット軌道の人は、開いて当たりやすいインサイド・アウト軌道の人よりも右を狙って打たねばなりません。スライスラインならこの逆。私の感覚では2〜3メートルのパットでカップ半個分は違うと思います。

距離感が出てくれれば、目標を狙って打ったときの切れ加減がわかってきます。それをもとに自分が直線的に打つタイプなのか、ふくらませて打つタイプなのかを見きわめてください。それがわかってはじめて打ち出す方向が決まります。

目標に打ったときに
切れ加減で自分の
タイプを確認する

個々のタッチによってラインは変わる。距離感が出てくると目標を狙ったときの切れ加減がわかるので、それをもとに自分が真っすぐ目に打つタイプか、ふくらませて打つタイプなのかを見きわめる

Step 13

カップを中心とした半径1メートルのサークルに入れば距離感はOK

どの距離からを「ロングパット」と考えるかは人それぞれですが、私の場合、**カップを中心に半径1メートルのサークルの中に入れるのがロングパットの目標です。**ボールがそこに入れば距離感が合っていると判断できるので、サークルに収まる強さがどれくらいなのかをイメージして打ちます。ミドルパットでもラインが難しいときは同様で、どれくらい膨らませれば入るのかをイメージします。

言っておきますが、サークルの中に入れればワンパットで収まるとは思っていません。ひとまずそこに入れておき、次のパットとの共同作業でカップインさせます。

ロングパットをOKの距離につけようとするのは、自分にプレッシャーを与えるだけです。プレッシャーがかかるとスムーズに動けなくなるので、そこまで考えることはありません。サークルの10センチ内側で止まったパットも、カップを1センチ外れたパットもロングパットである限り狙いは同じ。枠を外したときは大体がミスパットで、思った通りに打てればサークルに入ります。

ロングパットのターゲットは、カップを中心とした半径1メートルのサークル。ここに入れば距離感はOK。無理に狙わず、次のパットとの共同作業でカップインさせるのが基本

Step 14

ショートパットは「スパット」、ロングパットは「サークル」を重視

言うまでもなく、打ちたい方向に打つには、パターのフェースを目標に向けておくことが絶対条件です。ここでは、そのために私がやっていることを紹介します。

まずはラインを読み、ボールの転がりをイメージします。これができたらイメージしたライン上に、ボールを打ち出す方向の目印となる「スパット」を見つけます。適当な目印が見つからないこともあるので、ボールからスパットまでの距離は決めていませんが、おおむね20センチから1メートル先の間で見つけています。

ただ、曲がるロングパットの場合はもっと遠く、なおかつ、かなり漠然としています。なぜなら、そのようなパットではスパットはそれほど重要ではなく、ラインのイメージのほうが重要だから。そのためスパットは設けず、曲がりの頂点にフェースを向けます。ボールと頂点の間にスパットを見つけてもいいのですが、ショートしやすくなります。

ショートパットは強さよりも方向性なのでスパットを重視する。逆にロングパットは距離感重視。どこを通すかよりカップを中心としたサークルに入れることに重きを置きます。

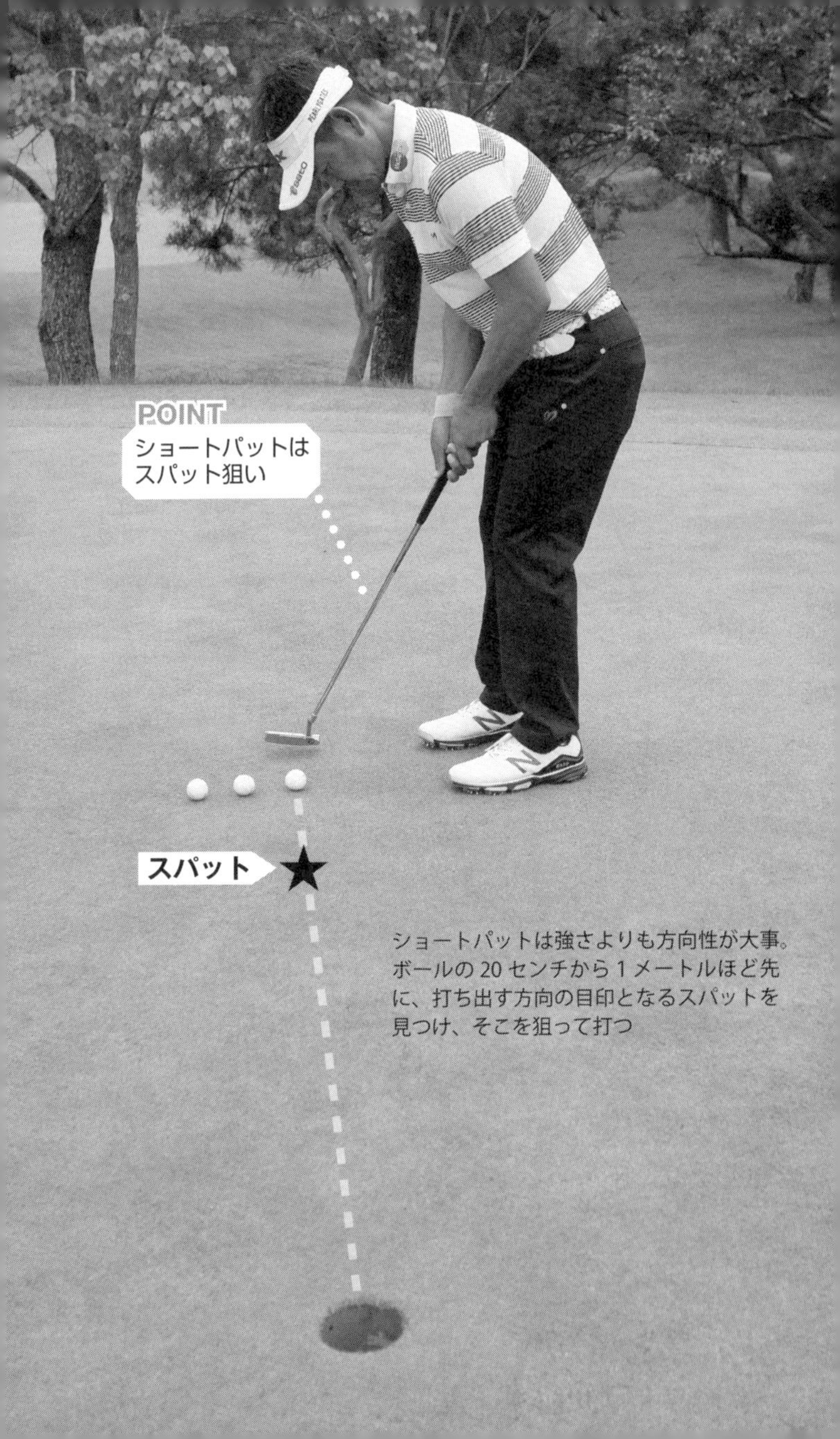
POINT
ショートパットは
スパット狙い
スパット

ショートパットは強さよりも方向性が大事。ボールの 20 センチから 1 メートルほど先に、打ち出す方向の目印となるスパットを見つけ、そこを狙って打つ

Step 15

〝お先に〟のパットのように打つ。それが方向性アップの秘訣！

突然ですが、みなさんは〝お先に〟のパットをどのように打つでしょうか？　ほぼ全員がボールを弾くようにパチンと打つと思います。私もそのように打ちますし、ロングパットのようにフォローを大きく出して打つ人は見たことがありません。

なぜパチンと打つのかといえば、それが一番正確で方向性がいいことを無意識に感じているから。体の向きもスタンスも気にせずパチンと打てば、スクエアにインパクトできることをゴルファーは知っているのです。

私はパットの方向性の基本はここにあると考えているので、**つねにパチンと打つことを心がけています。**振り幅が大きなロングパットでも、まずはインパクトありき。ストロークが大きくなるぶんヘッドは加速しますからパチンの感じは強くなります。

このように打てたことを示すひとつの目安が、カップの奥の土手にボールが当たること。私がよくやる1・5～2メートルをカップインさせる練習でも、必ずパチンと打って奥の土手に当てています。〝お先に〟のパットはゴルフの本質を突いた動きなのです。

“お先に”のパットのように打つと、正確で方向性がいいボールになる。これはスクエアなインパクトができるから。パットの方向性の基本はここにあるので必ずパチンと打ちたい

Step 16

わかりづらい微妙なラインは「グリーンの色」で判断する

ラインを読む作業はグリーンに上がる前からはじまっています。

まず、グリーンに向かって歩きながら全体的な傾斜を見ます。その判断が正しいかを確認しながらグリーンに上がったら、ボールの後方にまわり、そこからカップ方向を見て左右の傾斜をチェック。フックラインかスライスラインかを判断します。

それが済んだら**ボールの反対側に回り、カップ越しにラインを見て、カップぎわの傾斜がどうなっているのかを見ます。**最近のグリーンはアンジュレーションが大きいため、ボール方向からはスライスに見えてもカップぎわはフックといったことがよくあります。これはボールの後方から見ただけではわからないので、反対に回って見るわけです。よく見てもボール側からはスライス、カップ側からはフックにしか見えなければ複合ライン。打ち出しはスライスで、カップ近くはフックラインです。

最後にラインの横に回り、カップとボールの位置関係を再確認します。ボールからカップをタテ位置で見た場合と、ヨコ位置から見た場合では距離の見え方が変わりますから、

グリーンに上がる前

グリーンに向かって歩きながら全体的な傾斜をつかむ。それが正しいかを確認しながらグリーンに上がる

ボールの後方

ボールの後方からカップ方向を見て左右の傾斜をチェック。右が高ければフックライン、左が高ければスライスライン

あらためて距離を見るわけです。ロングパットの場合はカップの手前1メートルくらいのところに行き、そこからのパットをイメージ。カップぎわの切れ方をチェックします。

ただし、これらの順序については臨機応変。グリーンに上がりながら横からのラインが見えれば先にそちらを見ますし、花道から行ってボールがカップの奥にあれば、当然カップ側から先に見ることになります。

難しいのは、微妙な傾斜の判断。私はグリーンに平らはないと考えているので余計に気になるのかもしれませんが、そのひとつの判断基準にしているのがグリーン表面の色です。よく、グリーンが「黒っぽい、あるいは色濃く見えると逆目」「白っぽい、あるいは明るく見えると順目」と言われますが、**私は基本的に芝目と傾斜は一緒だと考えています**。特殊な条件下は別として、基本的には下っているほうに芝目が向くという考え方です。たとえば、2メートルくらいのパットがスライスするかフックするかわからなければ、左右から芝の色を見る。右から白っぽく見え、左から濃く見えたらフックラインと判断します。

結局のところ傾斜については自信を持って判断を下すことができません。本来なら自分の感覚に従って決めたいところですが、それができないから客観的な判断材料がほしい。私の場合、それが芝の色だったりするということなのです。

カップの後方

カップの後方に移動したら、カップ越しにラインを見て、カップぎわの傾斜がどうなっているのかをチェックする

POINT
このあたりの傾斜を見る

ラインのヨコ

最後にラインの横に回ってカップとボールの位置関係を再度確認する。ボールとカップをヨコから見ると正確な距離がわかる

Step 17

順目と逆目の見方。芝が「立っているか」「寝ているか」で色の濃淡が変わる

グリーンには順目と逆目がありますが、これは「芝が寝ているか」「立っているか」の違いによって生じるものだと思います。

グリーンを刈る場合、コースによって芝を立てて刈るところと、寝かせて刈るところがあります。刈り高にもよりますが、**芝が立っているグリーンは色の違いがはっきり出ません。また、ボールとの摩擦が少ないので速い。反対に、寝かせて刈ると順目と逆目が出るので色の濃淡がはっきりと出ます。**当然、順目と逆目で速さも違います。南国に多いバミューダ芝やコーライ芝のグリーンはこの傾向が出やすくなります。

コーライグリーンといえば、毎年、私の生まれ故郷・福岡の「芥屋《けや》GC」で行われる『KBCオーガスタ』が有名で、出場プロは毎回芝目のキツさに手を焼いています。

私が勝った2014年大会も例外ではありませんでした。私のエースパターはスコッティキャメロンのプロトタイプ。ピン型のトゥ&ヒールバランスなのですが、芥屋の逆目で届かないケースが出てきました。グリーンに合わせてタッチを変えるとわけがわからなく

なります（58ページ参照）。おまけに翌週の試合は『フジサンケイクラシック』。舞台となる「富士桜ＣＣ」のグリーンはとても速く、傾斜を読むのも一苦労です。エースパターでタッチを変えたら悪影響を及ぼすことが目に見えていました。

そこで、思いきってパターをマレット型に替えることにしました。オートマチック車のようなフェースバランスのパターは使わない主義ですが、そのときだけはオーダーして組んでいただいたのです。そのパターが上手くハマり、タッチを変えなくてもボールを弾いて前に飛ばしてくれた。この作戦が見事に的中し、故郷に錦を飾ることができました。

ただ、最近はグリーンキーパーさんが代わったらしく、芥屋のグリーンもスピードが出るようになってきました。コーライグリーンも短く刈り込めば相当速くなります。そのためエースパターのタッチで打てるようになりました。

ほとんどのコースが導入しているベントグリーンは、基本的に芝を立てて刈るケースは少ないと思います。ただ、寝かせて刈っても芝がペタッとなる傾向があるので、順目と逆目の判断は難しい。傾斜とトータルして読み解くことになります。トーナメントではもともと寝ているベントを一生懸命起こして刈り、目をなくしているところもありますが、一般営業でここまでやっているコースはあまりないと思います。

Step 18

結果に左右されて、タッチをコロコロ変えてはいけない

数ホール消化してもパットの距離感が合ってこない。そんなラウンドがあると思います。夢も希望もない言い方で恐縮ですが、そういうときはあきらめるしかありません。

グリーンには相性があります。また、速そうに見えて重いなど、見た目と実際のスピードがまるっきり違うグリーンもたくさんあります。たとえば、そんなコースのスタートホールでショートしたので、次のホールでしっかり打ったとします。その結果、今度は打ちすぎて大オーバーした。こうなったらもう1日は終わりです。

パットでは、前のホールの結果を受けてタッチをコロコロ変えてはいけません。グリーンに対応しているつもりでも、その実はグリーンに翻弄されているだけ。自分に軸がなくなりグラグラになっている。こうなるから、いつまでたってもタッチが合わないのです。

自分の感覚をつきつめる姿勢を変えなければ、いつかは合ってきます。メンテナンスが完璧なはずのトーナメントグリーンでも、みな同じ速さで転がるわけではありません。通常プレーするグリーンならなおさら。それに合わせるからタッチがおかしくなるのです。

POINT
前のホールの結果を受けて、その都度タッチを変えていたのでは、パターは上手くはならない

同じコースでも18個のグリーンで、みな同じ速さでボールが転がるわけではない。グリーンに合わせようとすると、いつまでたってもタッチが合わない

Step 19

思い通りに打てれば、カップインできなくてもよしとする

私はパットのラインに関してはキャディさんに聞きません。前述（44ページ）したように、人それぞれラインが違うからというのが一番の理由ですが、もうひとつ理由があります。それは、たとえそのパットを外しても次につながるからです。

キャディさんに聞いて打ち、失敗したら「キャディさん、違ったよ」で終わり。自分がミスしたかどうかもわかりません。これに対し、**自分で決めたラインに打った場合、たとえ外れても正しいラインとの誤差を確認できます。**「こうすべきだったのか」というフィードバックがあるのです。10メートルが思ったよりオーバーしたり打ちきれなかったときも、なぜ距離感が合わなかったのか自分の感覚と会話ができる。こういったことは、すべからく次のパットにつながる有益な行為になります。

型にはめると成長できないと思うのは、これができないからです。10メートルを打つべく手首の角度やテークバックにこだわっている。イメージ通りの形ができても、グリーンやコンディションによって結果が左右されるのに……。かたや感覚を研ぎ澄ますために毎

自分で決めたラインに打てば、たとえ外しても正しいラインとの誤差を確認できる。なぜ距離感が合わなかったのか、自分の感覚と会話をすることが次以降のパットの成功につながっていく

日なにかをやる。後者のほうがゴルフっぽいし人間らしい。現場が変わっても対応できるでしょう。少なくとも私は後者が好きですし、それを続けてきました。

もちろん、アマチュアの方とプロとではプレーするグリーンがまったく違います。でも、感覚が大事だということは同じ。グリーンが重いぶん、みなさんのほうが絶定的にやさしいはずです。目盛りで言うならアマチュアの方はセンチ刻み、プロはミリ刻みで距離感をアジャストしなければなりません。その究極がマスターズ。同じミリでも0コンマ数ミリという単位の距離感を要求されるのです。

アマチュアにしてもプロにしても、自分ではどうにもならない部分が支配するパットで、その都度結果を求めるのは無茶というものです。ですから、カップインしようがしまいが、それは関係ない。**出球とスピードと方向が自分の思ったとおりであることが大事で、それで入らなければ仕方がない。それがパッティングというものです。**

逆にパットにはミスしても入るという一面がありますが、それでは競技者として悔しい。なぜなら次につながらないから。次のパットにもミスする可能性を抱えたまま臨まなければなりません。これが続くと自分がわからなくなります。プロはこの繰り返し。だから苦しいのです。

第2章

〔パットが上手くなる「順番」Part2〕

「パッティング」のセットアップとテクニック

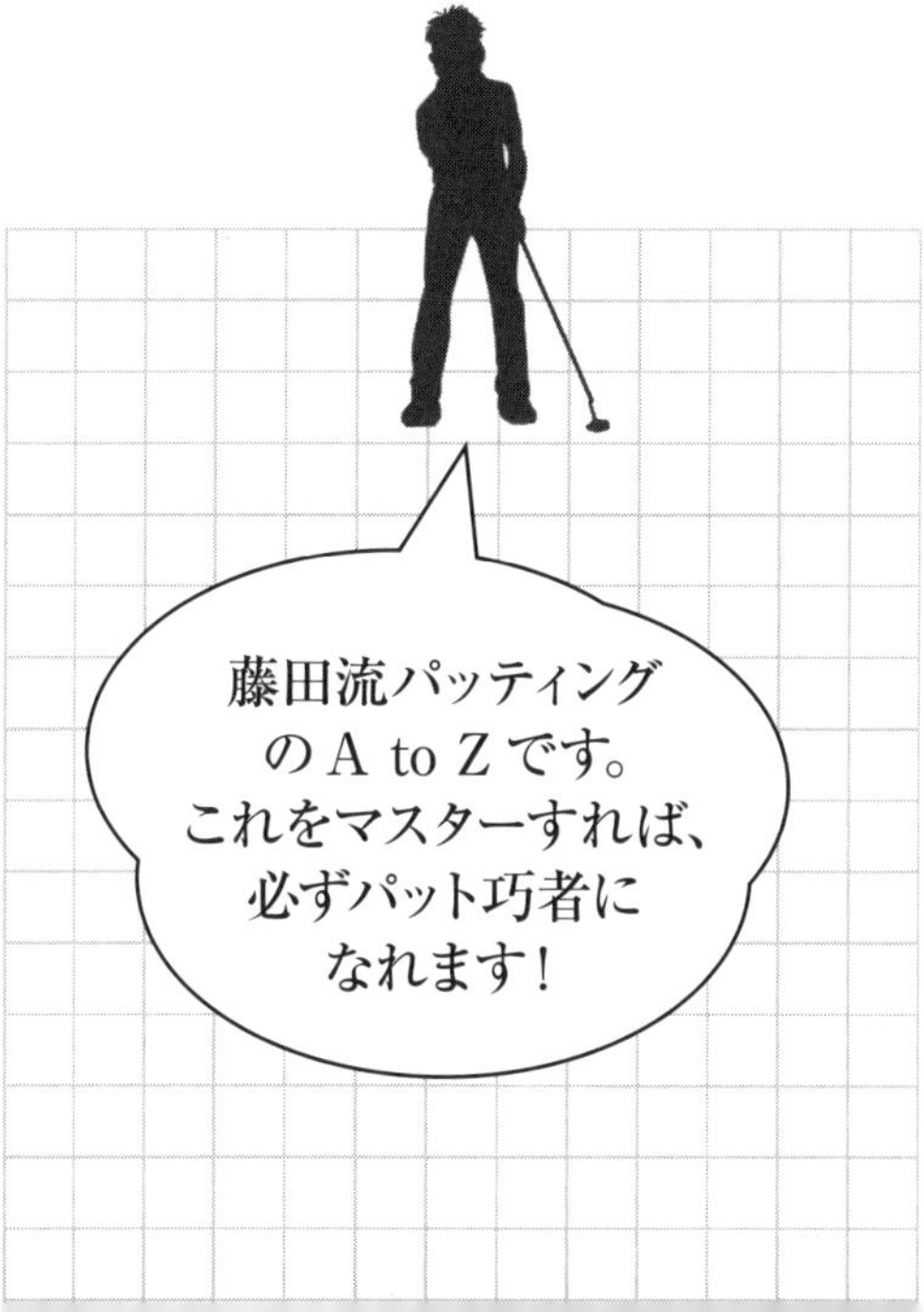
藤田流パッティング
のA to Zです。
これをマスターすれば、
必ずパット巧者に
なれます!

Step 20

指2本がけの逆オーバーラッピングで左手をウィークに握る

パットに型なし。距離感が出て、方向性が良ければ、どんな構えでも打ち方でもＯＫです。しかし、上手くいかずに悩んでいる方には、なにか指針が必要かもしれません。また、「ゼロからはじめたい」あるいは「すべてを見直そう」と考えている方もおられると思います。

そこでこの章では、私が実践しているパッティングのテクニックについてお話ししたいと思います。真似をしていただいてもいいですし、自分にフィットしそうなことだけ取り入れても構いません。参考になることがあれば、ぜひ活用してください。

まずグリップですが、私のショットのグリップは、右手の小指を左手の人さし指にかけて握る、いわゆる「オーバーラッピング」グリップです。パットではこれをわずかに変え、左手の人さし指を右手の上に乗せる「逆オーバーラッピング」にします。

ただ、普通の逆オーバーラッピングでは、左手の人さし指を右手の小指にかけますが、私の場合は薬指にもかける、〝指2本がけ〟スタイル。自分としては小指にかけていたつもりだったのですが、気がついたら2本にかかっていました。そのせいか、両手に一体感

グリップは左手の人さし指を右手の小指と薬指にかける、"指２本がけ"の逆オーバーラッピング。両手に一体感があり、ショットよりも右手の感覚が出やすい

があり、ショットよりも右手の感覚が出やすくなっています。

グリップするときは左手を下からウィーク目に握り、右手は親指をグリップの平らな部分に乗せてスクエアに握ります。左手はウィーク、右手はスクエアです。

左手をウィークに握ると、手首がロックされてフェースの向きが変わりにくくなります。これは、大迫《おおさこ》たつ子《こ》さんのグリップを真似しました。すごくロックされることがわかり「やっぱりツアープロは意味があってその形になっているんだなあ」と感じました。まあ、大迫さんに直接聞いたわけではないのですが……。

また、右手については師匠の芹澤さんに「右手のフィーリングが大事。右手のひらがフェース面だから」と言われてスクエアにしました。グリップで左手をかぶせると右手は死にます。右手は補助で、おもに左手が働くわけです。私の場合、左手をウィークに握ることでロックし、右手を使うようにした。左手で打つ形から右手で打つ感じになったわけです。

実際、右手のひらの向きをフェースの向きと考えて動かしています。いずれにしても、**ゴルフでは両手がともに機能することはあまりないと思います。**

しっかり持つのは、左手の中指、薬指、小指と右手の中指、薬指の計５本。左右とも指の関節に引っかけるように持ちます。ぎゅっと握りしめることはありません。

指の関節で引っかけるように、左手の中指、薬指、小指と右手の中指、薬指の５本でグリップ。左手はウィーク、右手はスクエアに握る

Step 21

「ハンドダウン」&「ハンドファースト」で、フェースをスクエアにセット

「スイングとストロークは同じ流れの中で行われるもの」と私は考えています。そのため、ドライバーからパターまで同じイメージを持ってアドレスします。

体勢はショットとほぼ同じで、真上にピョンとジャンプして着地したときのイメージ。両ヒザをゆるめて立ちますが、パットでは下半身のアクションが必要ないので、ショット以上にどっしり感を出して上体をリラックスした状態にしておきます。

前傾は股関節から。腰骨のところにクラブをあて、そこから上体を前に倒す感じです。両足の体重配分は5：5が基本。ボールの位置は両足の真ん中あたりですが、私の場合、よく言われる目の真下ではなく、真下よりも前にあります。

そのせいもあって、手は低い位置にくる。いわゆる「ハンドダウン」で構えています。ボールが体から離れているぶん、自然とハンドダウンしやすいということです。

ハンドアップしてパターを吊るように持つと、手首の使用を抑えられるメリットがありますが、ショットとの隔たりが大きくなります。それを避け、なおかつ不要な手先の使用

POINT
ボールは目の
真下より前にある
ハンドダウン

ボールの位置は目の真下ではなく、真下よりも前に出している。そのせいもありハンドダウンのアドレスに。ショットのイメージで、手先の使用を抑えられる

を抑えられるのがいまの構えです。基本的には、ショット同様にボールをつかまえたいからハンドダウンになる。ボールを逃がしたい人はハンドアップ傾向になるはずです。

ショットのイメージが最も顕著に現れるのがハンドファーストのスタイルだと思います。ショットやアプローチでは、ボールをつかまえて強い球を打つためにハンドファーストに構えますが、それと同じで私はパットでも強い球を打ちたい。先に（50ページ）触れたように、パチンと打って方向性を良くするうえでも有効です。

とはいえ、極端なハンドファーストではなく、アドレスを正面から見たときに、グリップがボールの上にくるくらい。ボール位置が両足の真ん中なので、手が2〜3センチ前に出る感じです。手だけが前に出てしまうとフェースが開くので、フェースは目標に対してスクエアのまま。フェースをかぶせるイメージです。

と、ここまで説明してきましたが、自分のことは意外とわからないものです。特に、我々世代のツアープレーヤーは〝鍾乳洞《しょうにゅうどう》系〟。型から入ったのではなく実から入っていき、長い時間をかけて味のある形になったものです。ですから、いちいち形を確認してストロークにつなげているわけではありません。大前提にあるのはストロークしやすく、目標に向きやすいこと。形はあくまでその結果です。

パットでも強い球を打ちたいので構えはハンドファーストに。グリップがボールの上にくる感じで、フェースを目標に向けたまま手を2～3センチ前に出す

Step 22

スタンス幅は「距離」や「上り」「下り」によって変わる

アドレス時のスタンス幅は「肩幅」が基準です。両足の外側と肩幅が同じになるイメージで足を開いています。土台となる下半身を安定させるためにスタンスを広くとる人もいますが、私の場合、体が左右に動いて軸がブレ、インパクトが不安定になる気がするので、それほど広くはしていません。

ただ、**ロングパットのときはやや広めにします。**もちろん、ストローク中に体が左右に動かない程度。やや広めにしておくと、振り幅が大きくなっても軸を保てるのです。

逆に**ショートパットではスタンス幅を狭めます。**場合によっては両足を揃えて打つこともあります。ショートパットはインパクトがゆるみやすくなりますが、これを防ぐにはパターの芯に当てることが大切。スタンス幅を狭めると軸が明確になってブレないので、ゆるまずパチンと打てるのです。微妙なタッチを要する下りでは狭め、しっかり打ちたい上りでは広めにすることもありますが、いずれの場合も両足の開き具合はアバウト。ロングだから何センチ、ショートだから何センチと厳密に決めているわけではありません。

スタンス幅の基準は肩幅だが、ロングパットや上りのパットのときはやや広めに、ショートパットや下りの速いラインでは狭めにすることがあるが、厳密に決めているわけではない

Step 23

「ボールと目印を結んだライン」と「目線」を平行にする

ショットと同様、アドレスでは目標に対してスクエアに構えることが大事です。目標とはボールを打ち出す方向のこと。スライスラインならカップより左、フックラインならカップより右になります。

理想的なのはスタンス、腰、胸、肩といった体のラインをアドレスでオールスクエアにすることですが、いくら目標が近いとはいえこれはなかなか困難です。そこで最低限、目線と肩のラインが打ち出し方向と平行になるように努めます。

大事なのは、**打ち出し方向にあらかじめ見つけておいた目印（48ページ参照）とボールを結ぶラインに対して、目線を平行にすること。**両目を結んだラインが目標ラインと平行になっていれば、肩のラインも平行になるからです。

練習では、ボールから20センチほどのところにティを2本ゲートのように刺し、その間にボールを通すドリルをよくやっていました。上手くゲートを通過できればラインと目線が合っているということ。その際、ストロークについては気にしません。

POINT
アドレスでは目線と肩のラインを打ち出し方向と平行にしておきたい。両目を結んだラインが目標ラインと平行になっていれば、肩のラインもおのずと平行になる
平行
平行

Step 24

ラインを読んだあとは、いつも同じリズムでアドレスに入る

ここまでは私のセットアップについてお話ししましたが、グリーンを読み、アドレスし、ストロークが終わるまでは、いつも同じリズムで同じことをやっています。参考までに紹介したいと思いますが、これは考えて実行しているのではなく、長い間繰り返してきた中で自然に身についたもの。なにをするかも大事ですが、リズム良くやることが重要です。

グリーンの読み方については54ページで紹介した通りです。ラインを読んで打ち出す方向が決まったら、ライン上にスパットを見つけますが、そこで私は顔の前でパターをタテに持ってライン方向にかざします。この仕草はパターを吊るして傾斜を見る、〝プラムボム〟に似ていますが、目的はちょっと違います。**パターシャフトでボールと打ち出し方向を結び、その線上でスパットを決めているのです。**

スパットが決まったらパターをグリップし、ラインの真後ろでカップを正面に見ながら2回素振り、4歩でボールの横に移動してまた素振りを2回します。ここで距離感とスパットに打ち出すイメージを出してアドレスに入り、イメージが消えないうちに始動します。

①ライン上にスパットを決める
POINT
ラインを読んで打ち出す方向が決まったら、このようにパターを持ち、ライン方向にかざす。
シャフトでボールと打ち出し方向を結び、ライン上にスパットを決める

②ボールの後方で2回素振りをする

③アドレス位置で2回素振りをして
ストロークを始動

POINT
いつも同じリズムで
アドレスに入ること
POINT
真後ろで素振りを
したら4歩でボー
ルの横に移動
POINT
さらに素振りを2回し
たらアドレスに入り、
イメージが消えないう
ちにストロークを始動

Step 25

「フォワードプレス」をきっかけにストロークを始動

アドレスは〝静〟、ストロークは〝動〟です。静から動に移るのは簡単なようで難しいこと。ゴルフでは特にそうで、アマチュアの方の中には、なかなか動き出せない人も見うけられます。始動が遅れるほど体は固まりますから、これは避けたいところです。

私の場合、**始動のきっかけにフォワードプレスを行うことで、アドレスからストロークに移る流れを切らないようにしています。**

アドレスではすでにハンドファーストに構えていますが、その時点では手がボールの上にくる程度（70ページ参照）。テークバックする直前には、そこからさらに手を左に押してハンドファーストの度合いを強めます。この動きで始動のタイミングがつかめるので、アドレスからテンポ良くストロークに入れるわけです。

また、「フォワードプレス」をすることで右手首の角度がしっかり作れます。ストローク中にこの角度を保っておければ、ヘッドがアドレスの位置に戻りやすい。フェースが開かず、スクエアにボールをとらえることができます。

始動のきっかけ
POINT
フォワードプレスで始動のきっかけをつくる

アドレスでハンドファーストにした手を、さらに左に押してハンドファーストの度合いを強める。このフォワードプレスで始動のタイミングがつかめると同時に、右手首に角度がつくれる

Step 26

レベルにインパクトするために「ダウンブロー」をイメージする

パットではつねにパチンと打つことを心がけています。言い換えれば、「強めに打つ」ということ。インパクトでフェースが開いたり、インパクト自体がゆるんでは強めに打てません。ハンドファーストの構えからフォワードプレスを入れて始動するのも、強く打ちたいがゆえの方策です。

ただ、それでも思ったように打てないことがあります。インパクトがゆるむこともあれば、フェースが開くこともあるのです。

それを極力なくすためにやっているのが、**アイアンのようにダウンブローに打つことです。**と言っても、あくまでイメージの話。本当にダウンブローに打ったらボールの先のグリーンを傷めますから、ヘッドを上から入れるイメージでストロークするわけです。

現象だけを見れば、ダウンブローではありません。でも、そのイメージで打つとボールがキュッと飛び出してから転がっていきます。結果的にレベルに近い形で打てて、転がりのいい球になります。

アマチュアの方のほとんどは、パットでもアッパーブローと言うか、すくい打っています。ヘッドが下から上に動く過程でボールをヒットしているわけで、これだとボールのつかまりが悪くなります。アイアンをアッパーブローで打った場合を想像していただくとわかりやすいと思います。

さらに、インパクトがゆるみやすくもなります。ヘッドが下から上に向かう過程でボールをとらえるのと、上から下に向かう過程でとらえるのと、どちらが強く打てるかは明白です。たとえゆるまなくても、パターには3～4度のロフトがついていますから、バックスピンがかかってボールが浮きます。そのぶん、転がりが悪くなるのです。

私のダウンブローは**インパクトでロフトがつきすぎるのを防止する**ため。そのイメージで打てばレベルに当たるという発想です。みなさんがダウンブローのイメージで打ってみたときに、出だしでボールが跳ねたり、引っかけるようならやりすぎです。

もしそうなったら、アドレスでややきつめにハンドファーストの形をつくっておき、インパクトまでその形を変えない、つまり、手が少し前に出た形でインパクトする。あるいは、はじめから左足体重にして打ってみてください。もちろん、なにもしなくてもレベルに打てている可能性もありますから、それも視野に入れてストロークを安定させましょう。

アマチュアゴルファーの多くは、パットもすくい打っている。インパクトでロフトが大きくなってボールのつかまりが悪くなるので、転がりが悪い

アイアンのようにダウンブローのイメージで打つと、ボールがキュッと飛び出す。結果的にレベルに近い形でヒットできて転がりのいい球になる

Step 27

ショットのイメージで、ヘッドを加速させながら打つ

ダウンブローのイメージで打つのは「ヘッドを加速させたい」からです。外部からブレーキがかからない限り、ヘッドは最下点まで加速し続けます。**ダウンブローのイメージで打つとヘッドの最下点がボールの中心か、わずかに先になるので、加速しながらボールをとらえられる。**数ミリの違いかもしれませんが、これがボールの転がりを良くします。

フェースが絶対開かないようにハンドファーストでアドレスするのはそのためですが、私はさらにインパクトでもフェースを閉じようとします。ですから、私のストロークはフェースを閉じつつカット軌道で打っているように見えると思います。

これは**ショットでフェードボールを打つのと同じ。**ボールをつかまえつつ左から回すイメージで、つねに打球を左に出す感じで打っているのです。もちろんパットではボールを曲げませんから、フックラインではスクエアに構える人よりも右を向きます。

プロですからフェースを開いて打つこともできますが、それは私の持ち球ではありません。ショットのイメージともかけ離れてしまうのでやりません。

POINT
ダウンブローの
イメージ
POINT
転がりの良い
ボールになる

ダウンブローのイメージで打つことで、ヘッドの最下点がボールの中心か、わずかに先になる。ヘッドが加速しながらボールをとらえられるので強いパットになる

Step 28

手と腕と肩でできる三角形や五角形が崩れないように動く

つねに自分の正面に手を置いておく。これがストロークの基本だと思います。ストローク中に手を体の正面にキープできれば腕と体、ひいては体とパターが一緒に動きます。

逆に、2つがバラバラに動くと「フェースの向きやストロークのスピードが変わる」あるいは「その都度打つタイミングが違う」といった事態を招いて安定しません。

理想的なストロークを維持するには、手と腕と肩でできる三角形なり五角形を崩さないように動くこと。同時に手首の角度を保ってパターが勝手に動かないようにしておきましょう。また、バラバラに動く人は、そうなるリズムになっている可能性があるので、崩れないようなリズムを探ること。それがあなたに合ったリズムだからです。

これさえできていれば、体の動きに関してはOK。狙った方向に行かないようならパターを替えるのもいいでしょう。それで修正できれば儲けものです。ちなみにパターを替えない人は打ち方で試行錯誤するタイプ。自分の打ち方が正しいと思っている人のほうがパターを替えます。

POINT
五角形を崩さない
ストロークが大切

手と腕と肩でできる三角形や五角形を崩さないようにストローク。また、手首の角度を保ってパターが勝手に動かないようにする。これができるリズムが自分に合ったリズムに近い

Step 29

ボールを目標方向に押すようにしてヘッドアップをなくす

ハンドファーストのアドレスからダウンブローのイメージで打つと、フォローではヘッドが低く真っすぐ出ますが、ここでヘッドアップするとすべてが台無しになります。

スイングと同じで、ヘッドアップすると体が浮いて軸がブレます。その結果、インパクトでフェースが開いたり、ヘッドが先に出るヘッドファーストの形になります。いずれにしても、私が理想とする「つかまって強いボール」は打てません。

ヘッドアップを防ぐには、ボールを目標方向に押すイメージを持つといいでしょう。たとえば、「左手の甲を目標方向に出すイメージでボールを押す」あるいは「テークバックをとらず、フォローだけでボールを転がす」などのドリルをやる。こういったことでヘッドアップがなくなり、低く長いフォローが出るようになります。

また、ヘッドアップしやすい人はカップを意識しすぎている可能性もあります。そんな人はスパットを5〜10センチ先に設定し、絶対にその上を通すようにしてください。ラインにかかわらず、真っすぐ打つのがこの距離。そこに集中すれば、頭は上がりません。

POINT
パチンと打ったら、ボールを目標方向に押すイメージでヘッドを動かすとヘッドアップを防げる
POINT
5 ～ 10 センチ先にスパットを見つけ、絶対にその上を通すようにしてもいい

Step 30

パットのストロークにも、スイングのようなクセや特徴がある

〝パットが上手い〟とは、どういうことでしょう？　まず、「しっかり打てている」こと。次に、「自分の思ったラインに打ち出せる」ことだと私は考えます。

パットに自信のない人は、打ち切れずにショートすることが多い。これはしっかり打てていない証拠です。また、出だしから方向がズレる人は「あっ！」と声を出して体勢が崩れますが、**思ったところに打てた人は最後までボールの行方を見ています。**思ったラインに打ち出せたからこそ、期待を持ってボールの行方を見られるわけです。

パットとは理不尽なもので、上手く打てれば必ずカップインするというものではありませんが、どちらがパット巧者であるかは誰が見ても明らかです。

アマチュアの方がパットをちゃんと打てないのは、ストロークが安定していないからです。ストロークがブレると、インパクトでフェースがアドレスの形に戻りません。アドレスでは、誰もが目標に対してフェースをスクエアにセットします。その状態でボールをヒットできれば、だいたいは真っすぐ転がります。

プロのストロークも毎回違っている。それでも結果が安定しているのはショットと同じイメージでストロークしているから。自分の軌道や持ち球を意識してストロークしている

ところが、ストロークがブレるとインパクトでフェースが開いたり閉じたりします。開けば「右」に、閉じれば「左」に打ち出すことになります。それ以前に、ストロークがカット軌道だったり、インサイド・アウトだったりもするのですが、それでもインパクトでフェースさえスクエアに戻れば、目標方向には打ち出せるはず。そう考えると、ストロークの軌道とフェース向きのバランスが崩れていると考えるのが妥当です。

ただ、これはアマチュアの方に限ったことではありません。厳密に言えば、プロのストロークも毎回違います。でもプロのパッティングは安定しています。なぜだと思いますか？　それは、**スイングと同じイメージでストロークしている**からです。

たとえば私の場合、ショットではカット軌道で振りながらフェースをかぶせたり、クローズに立ってインサイド・アウトに振ってドローボールを打ったりします。それと同じように、パットでもストロークとフェースの向きを微妙に調整しながら打っているのです。

つまり、**パッティングのストロークにもスイングと同じようなクセや特徴がある**ということ。パットの名手・青木功さんは、フックラインでスライスをかけ、ストレートラインにして入れてしまうほどです。プロはそういった自分の傾向を前提にストロークしているのです。

POINT
ストロークにも
スイングと同じよう
なクセや特徴がある

ショットではカット軌道でフェースをかぶせたり、クローズに立ってインサイド・アウトに振ってドローボールを打つ。それと同じように、パットでもストロークとフェースの向きを微妙に調整しながら、ややカット軌道で打っている

Step 31

ドロー系は「右」に打ちやすく、フェード系は「左」に打ちやすい

読者の方にはパットのストローク軌道がカットの人も、インサイド・アウトの人もいらっしゃると思います。でも、パットは大きく振らないので意外と気づいていない方が多い。そこで基本に立ち返り、自分のストロークを確認してみましょう。

まずは、アドレスをイメージしてください。ショットがドロー系の人は、ボールの位置が少し中に入り、右からボールを覗き込むようにして構えるパターンが多いと思います。これに対し、スライス系のボールを打つ人は、右肩が前に出てくるようなスタイルになっているはずです。

次に、フェースの向きを考えてください。**ショットがドロー系の人は、パットではフェースを開いてインパクトしやすくなります。**これはボールがつかまりづらい形なので、たとえば半カップ切れるフックラインは、カップを外さず右内側狙いで勝負できます。

逆にフェード系の人は、インパクトでフェースが閉じやすくなります。ボールがつかまるので、同じく半カップ切れるフックラインで右内側を狙うと左に切れて外れる危険があ

る。カップの右いっぱいからボール1個分ほど右外を狙うのが安全です。

狙いは変えず、フェースの向きを変える方法もあります。すなわち、ドロー系ならあらかじめフェースを「左」に、フェード系ならば「右」に向けておくわけです。「ドローの人はフェード、フェードの人はドローを打つイメージを持つ」と言ってもいいでしょう。

ちなみに、フェードが持ち球の私はフェースをかぶせて使うタイプ。スライスラインが曲がりにくく、フックラインは曲がりやすい傾向があります。ドロー系の人はこの逆。カップの右には打ちやすいけれど、左に打つのはちょっと気持ちが悪いと思います。自分の傾向は誰かにラインを読んでもらうとよくわかりますが、反面、迷う原因にもなります。そのため私は、あえてキャディさんにはラインを聞かないようにしているのです。

基本的にドロー系の人はボールを逃がし、フェード系の人はつかまえる特性があります。パットではそれが如実に出ますが、対応さえ間違わなければストロークを変えずにカップインを狙うことができます。

パットの練習をするときには、自分とは逆の打ち方にも積極的にトライしてみてもいいでしょう。なぜなら、双方のメリットをバランスよく取り入れることで、スクエアなインパクトに近づけるからです。

ショットがドロー系の人のアドレス

POINT
ボールの位置が少し中に入り、右からボールを覗き込むようにして構えるパターンが多い
POINT
フェースを開いてインパクトしやすいのでボールがつかまりづらい

ショットがスライス系の人のアドレス

POINT
スライス系のボールを打つ人は、アドレスで右肩が前に出てくるようなスタイルになっている
POINT
インパクトでフェースが閉じやすいのでボールがつかまる傾向がある

Step 32

上りは「カップぎわ」、下りは「打ち出し側」の曲がり方に気をつける

上りと下り、どちらがプレッシャーなく打てるかといえば、圧倒的に上りです。距離が10メートル以内で真っすぐに近いラインなら迷わず狙います。しかし、下りだとこうはいきません。ショートはイヤですが、打ちすぎて大きくオーバーするのもイヤなので、どうしても合わせにいくパットになります。心がけるのは「インパクトがゆるまない」こと。バックスイングは考えず、フォローで押すイメージを持ってヒットします。

上りと下りでも、ラインに対して横からの傾斜が入ってフックラインやスライスラインになると事情は一変します。距離にもよりますが、基本的にはどちらも無理に入れにはいかず、距離感を重視して確実に2パットで沈める作戦をとります。

上りの場合はインパクトを強めに入れるぶん、切れにくくなります。特に、手前側でのボールスピードが速いですから、近くの傾斜は影響しづらい。**スピードが遅くなるカップぎわで傾斜の影響を受けるので、カップ周辺の曲がり方を読んでおく必要があります。**

下りはボールを強く打ち出せません。上りとは逆に、ボールスピードが遅い手前側の傾

上りのパット

上りはインパクトを強めに入れるため、手前側でのボールスピードが速くなる。そのため近くの傾斜は影響しづらいが、スピードが遅くなるカップぎわで傾斜の影響を受けやすい

斜に影響される。そのため曲がりを大きく読みます。打ち出しで成否が決まりやすいのが下りのパットということになります。

双方ともショートパットでは強めに打つことがあります。ラインを消してねじ込むパットです。この場合、方向性を重視して通常よりもちょっと強いタッチで打ちますが、基本的にカップを外して打つ状況でラインを消すことはないので、カップのどこかを狙って打つことになります。

フックラインとスライスラインについては、得意不得意が出ると思います。ショットがフェード系の人はスライスライン、ドロー系の人はフックラインが得意のはずです。理由は先に（96ページ）お話しした通りです。

苦手なラインを克服する手っ取り早い方法は、アドレスでボールの位置を変えること。フックラインでは右寄り、スライスラインでは左寄りに置きます。加えて前者はクローズド、後者はオープンに構えると目標方向に打ち出しやすくなります。

言うまでもなく、フックラインでは読んだラインより左に、スライスラインでは右に打ち出したら入る可能性はゼロ。いわゆるアマチュアラインにしか行きませんから、最低限フックラインなら目標の右、スライスラインなら左に打ち出せるようになりましょう。

下りはボールを強く打ち出せないため、ボールスピードが遅い手前側の傾斜の影響を受ける。打ち出しで成否が決まりやすいのが下りのパットだ

Step 33

どこから入れるか？「カップの入口」を考えて打つ

高速グリーンといえば『マスターズ』の「オーガスタナショナル」が有名ですが、日本ツアーにも負けず劣らず速いグリーンがあります。

双璧は『マイナビABCチャンピオンシップ』の「ABCゴルフ倶楽部」と『三井住友VISA太平洋マスターズ』の「太平洋クラブ御殿場コース」。試合ではグリーンの速さを示すスティンプメーターの測定値が14フィート以上になることがあります。

通常営業時のグリーンの速さは9フィート前後。この速さで1・2メートル、カップの右内側を狙えば入るパットがあるとしたら、14フィートでは1カップ半から2カップ外さないとカップのところに止まりません。9フィートの感覚で右カップいっぱいに打って外れたら、6メートルくらい転がるでしょう。

このように、速いグリーンでは曲がるラインを強めに打てないため、ふくらまして狙わなければなりません。そこで**大事になるのが「カップの入口」**。「どこからカップインさせるか」という発想です。

たとえば、2カップくらい曲がるフックラインならカップの右手前側が入口。カップを時計の文字盤に見立てると、4時半~5時くらいのところから入れたい。打ったボールがそれより右に行くのは問題ありませんが左はダメ。6時より左では入る気がしません。

たとえ入ったとしてもミスパット。結果はどうあれ悪いイメージが残るので、次のフックラインでふくらませすぎたり、右に押し出しやすくなります。たとえ外れても、カップの右いっぱいから、入るか入らないかくらいの感じで打てたパットのほうが、いいイメージを残したままでいられるので次に影響しません。

アマチュアの方の場合、プレーするグリーンがそれほど速くないので、狙ったサイドに打てている限りカップの入口は広くなります。フックラインならカップの右半分、スライスラインなら左半分まで入口になる可能性がある。入口を広く使うためにも、つねに傾斜が高くなっているサイドに打てるようになりましょう。

同じカップインでも、ミスパットしながら入るのと、傾斜のせいで入るのとでは感覚的に違いがあります。上手く言い表せないのですが、前者は打ったときに「あっ!」と思い、後者は「打てた」と思う。この感覚の違いが大きいので、「打てた」のパットをどんどん増やすように心がけています。

藤田寛之のパット

ショートパット

スタンス幅を狭くしてアドレス。ダウンブローのイメージで、ハンドファーストを崩さずにパチンと打つ

ロングパット

テークバックは意識せずフォローで打つ感じで距離感を出す。ここではやっていないが「スタンス幅を広くする」こともある

Step 34

“確実には入らない距離”に慣れるのが上達のポイント

私がもっとも多く練習するパットの距離は1・5～2メートルです。ツアーのデータによると1・2メートルのパットは決定率が70％以上ですが、1・5メートルになると30％台にまで落ちてしまうということ。たった30センチの違いですが、そこを制する人がツアーで生き残れる。そう考えているので、この距離をたくさん練習しています。

もっとも、これは日常的に速いグリーンで戦っているツアープロの話。アマチュアの方に落とし込むと、1・2メートルから80センチあたりの数10センチの差が大きく影響しそうです。ですから練習ではその距離を重点的にやるべき。**「確実には入らない距離」に、いかに慣れていくかがポイントだと思います。**

あとはロングパット。これはアマチュアもプロも同じ。トーナメントのパッティンググリーンでも5～6メートルという中途半端な距離をたくさん練習する人はいません。グリーンは毎回違いますから、入る確率の低い距離をいくらやっても決定率は上がらない。これはデータ的にもはっきりしていることです。であるなら、ロングパッドを練習量の多い

POINT
アマチュアなら1.2メートルから80センチあたり。確実には入らない距離に、いかに慣れていくかが大切
POINT
ロングパットを常時この距離内に打てれば確実にパット数が減る
1.2メートルから80センチ

距離まで確実に寄せる。これに徹するのが正解です。

また、**もしプロのパットを見る機会があったら、どんなリズムでフィニッシュまでいっているかに注目してください。**たとえば、私はボールの前で2回素振りをするときに、自分がやろうとすることをやっています。注意して見ていると、どんな感覚で打とうとしているかがわかるようになってきます。さらに、始動のタイミングにも目を向ける。プロは必ずなにかしらきっかけとなる動きを入れています。型を見るより雰囲気を参考にしたり、打つまでの流れやリズムを取り入れるほうがパットは上手くなると思います。

その意味では、好きなプロを真似するのもいいでしょう。私は中嶋常幸《なかじまつねゆき》さんでした。フォワードプレスからボールを打ち抜くまでをひたすらコピーしていました。自分がテレビに映った中嶋さんと同じように見えるよう正前に鏡を置いて打ち、中嶋さんのようにヘッドが動いているかを逐一チェックしたものです。

あとはパターマットの上でよく打ちました。パットはショットと違って真っすぐ打つだけですから、結局は球数を打った人の勝ち。これは間違いありません。私が所属する「葛城ゴルフ倶楽部」の研修生たちにも、パターマットでの練習は毎日やるように言っています。キツめのノルマを課せば、プレッシャーがかかったときの予行練習にもなります。

第3章

〔アプローチが上手くなる「順番」Part1〕

「アプローチ」の考え方と基本

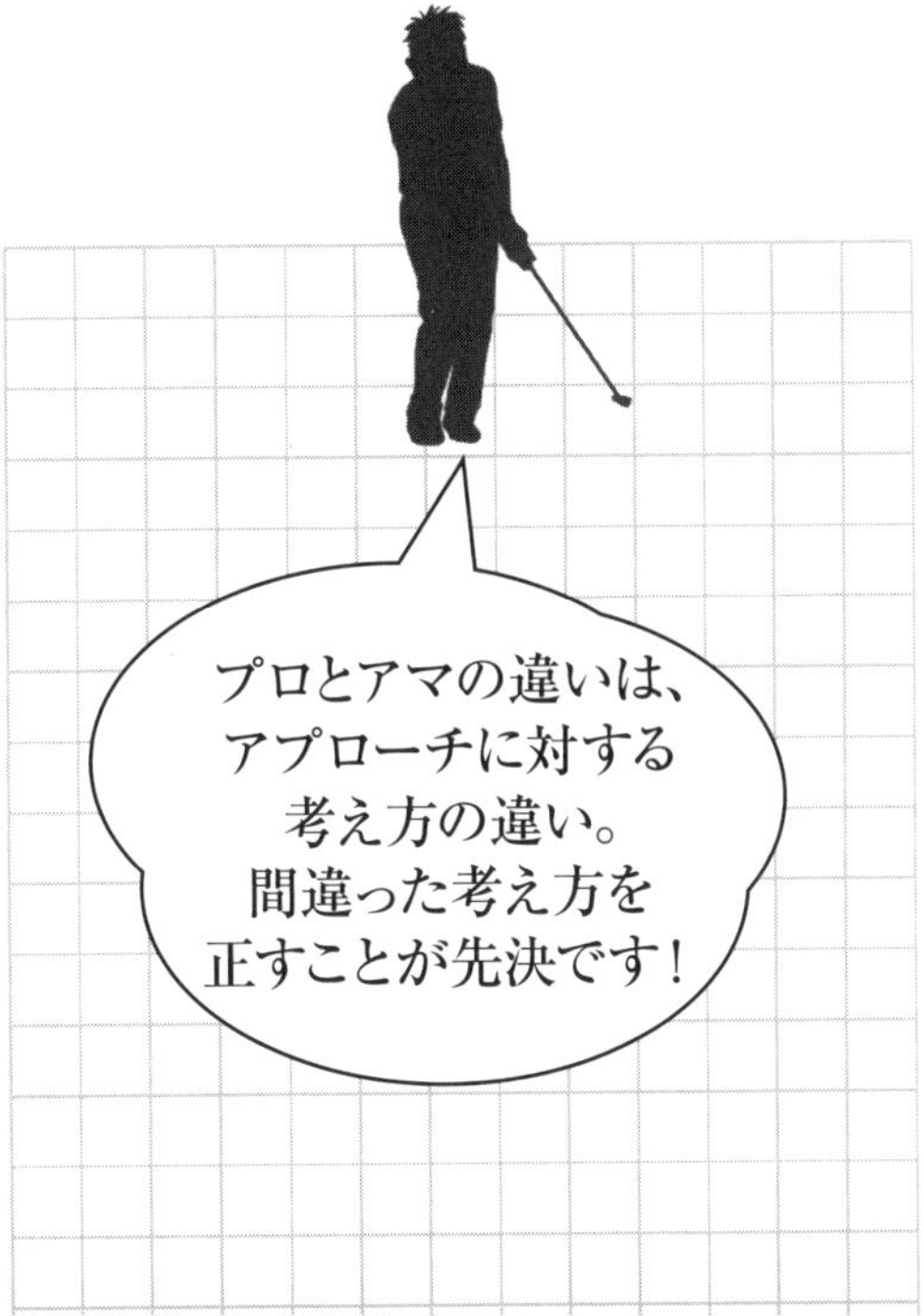
プロとアマの違いは、
アプローチに対する
考え方の違い。
間違った考え方を
正すことが先決です！

Step 35

ロフトを立ててインパクト、スピンをかけてコントロール

打ったボールがツーバウンド目以降でキュッと止まる。そんなプロのアプローチを見たことがあると思います。これはボールに適度なスピンがかかっていることを示しています。

そんなシーンを見たアマチュアの方に「スピンをかけて止めるにはどうすればいいですか？」と聞かれることがありますが、プロはスピンをかけようと意識して打っているわけではありません。アプローチでスピンがかかるのは、ロフトが多くてフェース面が広く、スコアラインがたくさんあるクラブで打っているからです。

アマチュアの方も同じようなクラブでアプローチをしていると思うので、程度の差はあれ普通に打てればスピンはかかります。なぜかからないのかといえば、正しくボールをとらえていないから。ショートやオーバーを繰り返すのもそのためです。

プロアマなどでアマチュアの方とご一緒すると、私がウエッジで打つ距離で2～3番手大きいアイアンを手にする方がいらっしゃいます。そんな人のスイングを見ると、十中八九すくい打ちになっています。ボールを上げようとして、ヘッドを下から上に動かしな

がらボールをとらえているのです。

すくい打つとクラブ本来のロフトで打てません。私が9番アイアンくらいのロフトでウエッジを打つとしたら、アマチュアの方は逆にロフトを増やして打っている。これはすべてのクラブに共通の症状なので、アプローチでもロフトを大きく使ってしまいます。スピンがかからなかったりトップするのは、いわば当然の結果なのです。

打球に適度なスピンがかかると「止まる位置」が計算できるので、ボールをコントロールできます。そうなれば、アプローチの精度はアップします。アプローチでは、スピンがかかることが必須事項というわけです。

ということで、**アプローチでボールをコントロールするにはすくい打ちをせず、インパクトでロフトを立ててボールをとらえなければなりません。** ロフトを立てて打つと強いボールが出ます。最初は怖いかもしれませんが、スピンがかかるのでボールは止まります。これがアプローチショット本来の姿です。

ちなみに、練習場のマットの上から打つと違いが歴然とします。ボールに直接カツンと当たったあと、ヘッドがマットに落ちればロフトが立って当たっている。ヘッドが手前に落ちたり、マットに落ちたドスンという音が先行するようならすくい打ちです。

POINT
強いボールが出るが、スピンがかかるので怖がらないこと

ロフトを立てて打つと強いボールが出る。怖がらずに打ち続ければ、スピンがかかってボールが止まることがわかる。これがアプローチショット本来の姿だ

インパクトで正しくボールをとらえていればスピンはかかる。正しくとらえるとはヘッドを上から入れ、ロフトを立てて打つということだ

Step 36

自分が「イメージしやすい寄せ方」をアプローチの基本にする

「次のパットをイージーにするために、なるべくピンに寄せたい」。アプローチでは誰もがこう考えます。もちろん私もそう考え、そのために一番やさしくて確実な方法を選択します。でも、その方法は人によって違います。

私は、できれば転がして寄せたいタイプ。ボールはグリーン面にあるときが一番安定して転がりますから、なるべくグリーン面を長く使い、転がしてピンに近づけようとします。

私とは逆に、ボールを浮かせて寄せたい人もいます。サンドウエッジを使ってボールを上げ、ワンピンほど手前に落としてスピンをかけて止める、という方法です。

もちろんどちらも正解。寄せ方にルールはありませんから、「もっともイメージが出やすい」あるいは「スムーズに打ててミスが少ない」寄せ方をすればいいのです。

アマチュアの方の場合、スイング同様アプローチでもまず打ち方ありきで、形から入っています。悪くはありませんが、人にはそれぞれイメージしやすい寄せ方があります。どんな打ち方をするにせよ、**イメージに合った寄せ方を自分の基本にするべきです。**

POINT

寄せ方にルールはない。ランを多く使い転がして寄せてもいいし、ボールを上げて寄せてもいい。自分がイメージしやすい寄せ方をアプローチの基本にする

Step 37

1～2本のウエッジで、アプローチの基準をつくる

自分にとって基本となるイメージしやすいアプローチを習得するには、**使用クラブを1本もしくは2本に絞るのがいいと思います。** アマチュアの方におすすめなのは、ピッチングウエッジとアプローチウエッジです。「アプローチ＝サンドウエッジ」という発想の方が多いかもしれませんが、ロフトが大きいサンドウエッジは扱うのが難しいクラブなので、あまりおすすめできません。

まずはどちらかのクラブでアプローチの基準をつくります。たとえばピッチングウエッジで、腰から腰までの振り幅で打ち、そのときのボールの飛び方とキャリーの飛距離を把握しておきます。同じことをアプローチウエッジでもやってみましょう。ピッチングウエッジよりもロフトがありますから、ボールが上がって飛ばなくなります。その飛び方とキャリーの違いを把握しておく。これらをアプローチの基準にするわけです。

さらに、それぞれのクラブで振り幅を小さくした場合、大きくした場合も試して同様に把握する。これだけで「弾道」と「飛距離」の異なる6種類のアプローチショットが打てます。

POINT

アプローチの習得は使用クラブを１～２本に絞るのが効率的。アマチュアにおすすめなのは、ピッチングウエッジとアプローチウエッジ。ロフトが大きいサンドウエッジは扱うのが難しい

Step 38

「ボールの位置」を変えて、3種類の弾道を打ち分ける

私が実戦のアプローチで多用するクラブは、ロフト58度のサンドウエッジです。割合で言うと全体の6〜7割。トーナメントコースはグリーン周りが難しく、グリーン自体も速いため、ロフトのあるサンドウエッジでスピンをコントロールする必要があるのです。状況に合わせて7番アイアン以下のクラブを使いますが、7、8番は少なく、長く転がせる状況なら9番やピッチングウエッジ。それ以外ならアプローチウエッジという感じです。

つまり、58度のサンドでボールを打ち分けることが多いのですが、その際にやることは**ボールの位置を変えることだけ。**それに伴って構えがややオープンになる程度です。

チップショット（ピッチ&ラン）で寄せるならボールの位置は左右センター。ランを多く使いたいときは右足寄りにし、ボールを上げてキャリーを使いたいときは左足寄りにしてオープンに構えます。ボールの位置を変えるだけで3種類の寄せ方ができるわけです。

1〜2本のクラブで自分の基準が決まったら、これも実践してみてください。1本のクラブで3種類の弾道が打てるようになります。

ランニングアプローチ

ランを多く使いたい時はボール位置を右足寄りに。低く強い球が出る

チップショット

チップショットで寄せるならボールの位置は左右センター。出球は中弾道になる

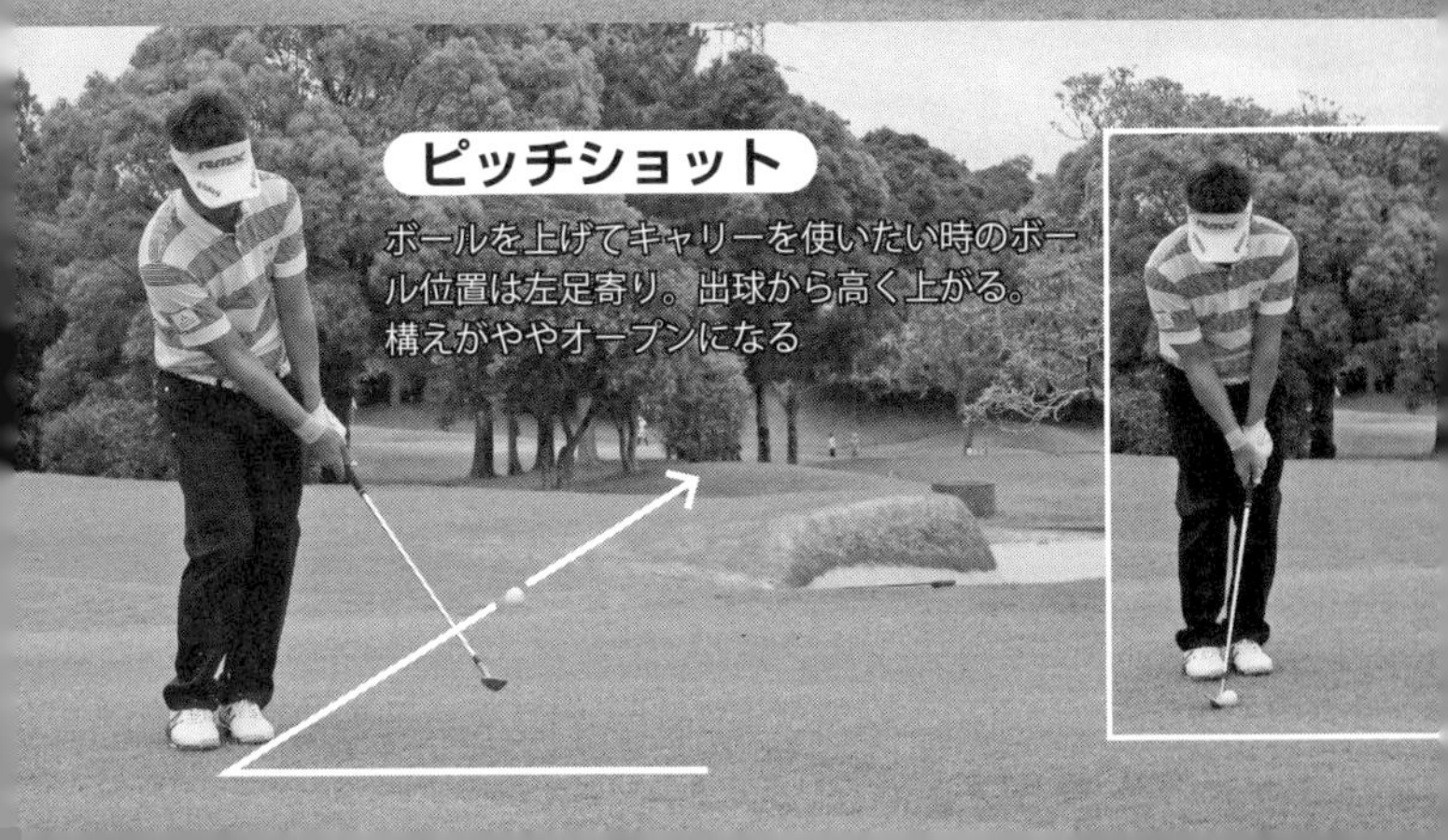

ピッチショット

ボールを上げてキャリーを使いたい時のボール位置は左足寄り。出球から高く上がる。構えがややオープンになる

Step 39

3つの弾道で同じターゲットに打ち、距離感の基礎をつくる

ボールの位置を変え、1本のクラブで3つの弾道が打てるようになったら、それぞれの弾道で同じターゲットに向かって打ってみましょう。

たとえばアプローチウエッジを使い、同じ振り幅で20ヤード先のターゲットに打つ。ボールを真ん中に置いて打ったときに20ヤードぴったりだとしたら、ボールを右寄りにすればオーバー、左寄りにすればショートします。右に寄せればロフトが立った状態でインパクトするので低く強い球が出る。左に寄せればロフトが寝て当たるので前に飛ばず高さが出る。そのため、このような結果になるわけです。

この練習を続けていくと、アプローチの距離感が出てきます。ボールを右に置いて20ヤード打つには振り幅を小さくしなければいけない。逆に左に置いて20ヤード打つには振り幅を大きくしなければなりません。当たり前のことですが、この繰り返しが距離感を養うということ。実戦ではグリーンの速さによって距離感が変わりますが、とりあえずは**この方法で、ベースとなるキャリーの距離感を養うことをおすすめします。**

3つの弾道で同じターゲットに打つ練習を続けていくと、アプローチの距離感が出てくる。ボールの位置と振り幅の関係を体に覚え込ませ、ベースとなる距離感をつくる
POINT
真ん中、右寄り、左寄りとボールの位置を変えて同じ目標に打つ

Step 40

状況の把握とイメージづくりができて、はじめて使うクラブが決まる

アプローチショットを打つ場合には、必ずキャリーとランの割合を考えます。カップをダイレクトに狙うことはないわけですから「どこに落として、どれだけ転がすか」とイメージすることが欠かせないわけです。

そのときに、たとえばピッチングウエッジならキャリーとランが5：5、アプローチウエッジなら7：3というように割合を決めて、マニュアル的にクラブを選択する人がいますが、正直、私にはその感覚がよくわかりません。

なぜならアプローチをめぐる状況は逐一変わるから。コースが変わればグリーンは変わります。あるコースはスティンプメーターで10・5フィートの速さでも、別のところは9フィートだったりする。20ヤードのアプローチを5：5、つまりキャリーで10ヤード打っても、10ヤード転がるとは限りません。速いグリーンなら15ヤード転がるかもしれない。重ければ10ヤード転がらないこともあるでしょう。

もちろん、アプローチの精度を上げる、あるいは距離感を習得するプロセスと割り切っ

POINT

アプローチの精度を上げるには自分の感覚を生かすこと。

ボールがキャリーしたところから、どれくらいのスピードでカップに向かっていくのかをイメージすること。スピードによって使用クラブが決まるて行っているのであれば問題はありません。でも、そうではなく単純にマニュアル化しているだけだとしたら、もったいない話。よほど条件が合わない限り、なかなか寄せきれないでしょうし、今より寄る確率がアップするとも思えません。

本当の意味でアプローチの精度を上げようと思ったら、自分の感覚を生かすことです。私の場合、ポイントになるのはグリーン上での「ボールスピード」。キャリーしたところから、どれくらいのスピードでカップに向かっていくのかをイメージすることです。同じ距離にキャリーするとしても、グリーンが速ければランの出ない番手を使う。逆にグリーンが遅ければランが出るクラブを選択する。ひとつのクラブ、たとえばアプローチウエッジでボールの位置を左、あるいは右に寄せて打つという選択肢もあります。

いずれにしても、**状況を見ずして使うクラブが決まることはありません。アプローチは状況によって変わる。そこで頼りになるのが感覚です。**ゴミ箱に紙くずを投げるとき、誰しも適当には投げません。ひとつめがゴミ箱を越したら、2つめは調整します。同じところに投げる人はいないはずです。これを調節するのは、ほかでもない感覚。投げるものを直接手にしていれば調節しやすいですが、ゴルフではクラブの先で打たなければならない。その中で感覚を出さなければならないぶん、難しいということなのです。

第4章

〔アプローチが上手くなる「順番」Part2〕

「アプローチ」のセットアップとテクニック

確実にピンに寄せるには、やはり“技術”が必要です！

Step 41

決まった動作を正確に繰り返せることがアドレスの必須条件

すでにお話ししたように、ショットはパットの延長と私は考えています。アプローチは2つの中間に位置しますから、各々の要素を有しています。このため、プレーヤーによってはパットのグリップでアプローチをする人もいます。私はショットと同じオーバーラッピングですが、これは「打ちやすい」あるいは「イメージが出やすい」ほうで構いません。

アドレスにも制約はありませんが、使うクラブや、コントロール重視といった性格を考慮すると必然的に決まってくることがあります。たとえば、ボールの位置が近くなる。これはクラブが短い、正確にヒットしたいなどの事情によります。また、スタンス幅は狭くなります。これはショットのようにクラブを大きくスピーディーに振らないため、体重移動が不要になるから。軸を安定させる意味でも有効です。さらに、ややオープンに構える人も多いですが、これはボールの近くでスクエアに立つとフォローが詰まって振り抜きづらいから。もちろん、パットのように打つのであればこの限りではありません。**要は、決めた動きを正確に繰り返せるかどうか。これがアプローチアドレスの条件になります。**

動きやすさが
第一です！
POINT
スタンス幅が狭くなり
構えはコンパクトに。
こうすることで決めた
動きを正確に繰り返せ
るアドレスになる
POINT
クラブが短いため
アドレスではボール
の位置が近くなる

Step 42

アドレスで「インパクトの形」をつくってからスイングを始動する

アプローチにおけるスイングの基本はインパクトにあります。インパクトがすべて、と言っても過言ではありません。これはアプローチに限ったことではないのですが、インパクトの形が不安定で毎回変わってしまうと打球がブレます。タテ方向のコントロールはもちろん、左右方向にもブレが生じます。

パットの場合、ロングパットでも5～6メートル左右に外すことはまれだと思いますが、アプローチではインパクトが安定しないと、それくらいは簡単にブレてしまいます。グリーンを外すことも十分に考えられるので、インパクトはとても大事なのです。

いつも一定の形でインパクトするために、私はアドレスで事前にインパクトの形をつくっておきます。チップショットならボールを両足の真ん中に置き、ややオープンに構える。そして手の位置を前にずらしてハンドファーストの形をつくり、ロフトを立てます。このとき、ヒザは軽く曲げて柔らかくして左足体重にする。さらに、腰をやや左に回しておきます。スイングの目標はインパクトでクラブをこの位置に戻すことだけです。

アドレスでは事前にインパクトの形をつくっておく。ボールに対して、ややオープンに構えてハンドファーストに。ヒザを柔らかくして左足体重にしたら、腰をやや左に回す

Step 43

「手先を使ったスイング」と「ヘッドアップ」は絶対にやらない

アドレスでインパクトの形をつくり、そこに戻すのは頭で考えるほど容易ではないかもしれません。これまでいろんな動きを試してきていれば、すぐにはなくなりません。ひとつがなくなっても別の症状が出て、一筋縄ではいかないと感じる人もいるでしょう。

もしそんなふうに感じたら、**最低限、次の2つのことだけはやらないようにしてください。ひとつは手首を使うこと。もうひとつはヘッドアップです。**

手首を使うとは、手先を使って打つこと。私はアドレス時に右手にできた角度をスイング中に変えないようにすることで、手先の使用を抑えています。パットでもそうですが、私にとって右手はフェースをスクエアにキープするうえで大切なところ。この角度が変わらなければ、手首を使わずスクエアにインパクトできるからです。

一方、ヘッドアップはインパクトで頭を残すことで防げます。アプローチは動きが小さいですから、頭の位置を保ったままでも振れます。ボールを見るのはインパクト後にワンテンポ置いてから。頭を上げずに、目線と首の回転でボールの行方を追うといいでしょう。

インパクトまで
頭を残す
POINT
ヘッドアップ
はNG
POINT
右手にできた
角度を変えない

Step 44

体のターンを使い、左右対称の振り幅でスイングする

前項では手首を使わないで打つとお話ししました。アドレス時の手首の角度をキープして振っていることはおわかりいただけたと思いますが、そうなると必然的に、スイングは体のターンで行うことになります。

アプローチではショットのようにクラブを大きく振りません。また、アドレスでインパクトの形をつくっていますから、テークバック時の右へのターンも大きくはなりません。そのため、クラブを持った手が体の正面にある状態を終始保ったまま動けるのです。

ここで大切なのは、**「左右対称の振り幅」で打つ**ことです。アマチュアの方を見ていると、テークバックの大きさに比べてフォローが小さい人がとても多い。これはインパクトがゆるんでいる証拠。ショートする原因になります。また、ダウンスイングでヘッドが急に落ちてフォローが出ないパターンもあり、こちらの場合はダフりやザックリになります。

心あたりがある人はテークバックと対称、もしくはそれよりも大きなフォローをとりましょう。パットのようにフォローで打つイメージを持ってもいいでしょう。

左右対称の振り幅で打つのがアプローチの鉄則。アマチュアはテークバックの大きさに比べてフォローが小さくなるのでインパクトがゆるみやすい。ショートする原因はこれ

Step 45

アプローチの基本となる「3つの寄せ方」を覚える

先ほど（120ページ）紹介したように、アプローチショットは出球の高さと落下してからの転がり方によって、3つの寄せ方に大別されます。

出球が低くてランが多い「ランニングアプローチ」、高い出球でキャリーを稼ぎランを少なくする「ピッチショット」、2つの中間の高さの出球でキャリーとランを同じような割合で使うイメージの「チップショット（ピッチ&ラン）」です。

これらは、ボールからカップまでの距離に加え「ボールからグリーンエッジまでの距離」「グリーンの傾斜やアンジュレーション」などを考慮して使い分けます。たとえば、ボールからグリーンエッジまでが近く、グリーン面を長く使える状況ではランニングアプローチ。バンカー越えでピンが近ければピッチショットという具合です。

3つの中で汎用性が高く、アマチュアゴルファーの役に立ちそうなのがチップショットです。キャリーとランが近い割合で使えるのでイメージが出やすい。実戦のアプローチで「チップショットだと手前のバンカーにつかまる」と判断したらピッチショットにする。

「グリーンがカップまでずっと上りでショートしそう」と思ったらランニングアプローチにする、というように、**まずチップショットが使えるかを考え、そこを判断基準にして寄せ方を決めるという手もあります。**

3つの打ち分けは、クラブを替えても、ボールの位置を変えてもできます。クラブを替える場合、ランニングアプローチなら8、9番アイアン、チップショットならピッチングウエッジ、チップショットならアプローチウエッジかサンドウエッジを使う。ボールの位置はどれも真ん中付近でOKです。一方、ボールの位置を変えるのなら、ランニングアプローチは右寄り、チップショットは真ん中、ピッチショットは左寄りに置く。いずれも打ち方を変えずに寄せ方だけ変えることができます。

これらの精度をアップするには、つねに同じスイングができるようにすること。少なくともダフりやトップといった初歩的なミスが出ないようにしておきたいところですが、私が思うに、**ダフりやトップが出る最大の原因は練習不足です。**理屈に落とすと「体の上下動のせい」とか「手首を使っているから」ということになるのですが、そこを意識して打ったところで消えてなくなるわけではありません。大事なのは〝慣れる〟こと。慣れるとは回数を打つこと。すなわち練習をすることなのです。

藤田寛之のアプローチ

ランニングアプローチ

チップショット

ピッチショット

Step 46

「左手1本」&「右手1本」打ちでストロークを整える

ダフりやトップといった初歩的なミスがなくなり、インパクトでフェースがスクエアに入るようになればアプローチショットの精度はグンとアップします。

これらを定着させるには慣れるのが一番ですが、並行して行うと効果的なドリルがあるので紹介しておきます。

まずダフりやトップですが、これは「すくい打ち」になっていることが大きな原因。ヘッドが下から上に動く過程でボールをとらえるので、クラブのロフトどおりにヒットできません。解決策は、ズバリ**「ロフトを立てる」こと。それには左手1本で打つのがおすすめです。**左手1本だと、クラブと体が一緒に動かないと打てません。また、上から下に振らないことにはボールに当たらないので、すくい打つ動きが自然になくなります。

逆に、右手1本で打つとインパクトが安定します。私もよくやりますが、左手を右ヒジの内側にあて、手首の角度が変わらないようにして体の回転で打つ。こうすると右手とフェースがシンクロし、フェースがスクエアに入る感覚を味わえます。

POINT
ダフリやトップをしないためには、すくい打ちにならないことが大切

ダフりやトップは、すくい打ちが原因。左手１本で打ちロフトを立てるクセをつける。また、右手１本で打つと右手とフェース面がシンクロ。フェースがスクエアに入りインパクトが安定する

Step 47

「右手でボールを投げるイメージ」をストロークに重ねる

パッティングで打つ前にラインをイメージするように、アプローチでもボールの運び方をイメージすることが欠かせません。パットはグリーン上でのボールの転がり方なので二次元的なラインイメージですが、アプローチではボールが浮いている時間が存在します。そのためボールが落下してから転がるラインに加え、浮いている間の三次元的なイメージングも必要になります。

このイメージをより明確にするために、私は**右手でボールを投げる仕草**を用いています。カップにボールを届かせるつもりでボールを投げてみるのです。もちろん現場で投げることはできませんから基本的にはイメージするだけですが、練習ラウンドなどではシャドウスローをやり、そのイメージのままストロークすることもあります。

目標に向かってボールを投げようとしたら、よほど距離が長くない限り、上からオーバースローで放る人はいません。下手投げでポーンと放り、ある程度転がして近づけようとするでしょう。**そのときの、腕の「振り幅」や「振る速度」が距離を合わせるのに役立つのです。**

POINT

アプローチでは弾道を三次元的にイメージする。このとき、右手でボールを投げる仕草を用いるとストロークのイメージづくりに役立つ

POINT
下手投げでポーンと放り、手前から転がしてカップに近づくボールをイメージする

ボールを投げるときの腕の振り幅や振る速度がアプローチの振り幅にリンクする

第5章

〔アプローチが上手くなる「順番」Part3〕

実戦で役立つ！
「アプローチ」の技

どんな
シチュエーションでも
“寄せワン”は
可能です！

Step 48

落とし場所に意識を集中。「あのへんに落とせばいい」と考えて打つ

ターゲットが近いほど意識はターゲットに向きます。アプローチでもそうです。なにしろピンは目前。「近づけたい」と思ったら意識はピンに一直線です。結果が気になり顔が上がってトップするのも、慎重にやりすぎてザックリするのもこれが原因です。

こういったミスをなくすには、ボールの落とし場所に意識を向けることです。

パターでアプローチする場合を除けば、打った瞬間、ボールは浮きます。浮くからには落ちる場所がある。まして寄せるイメージを持ってアプローチしているのであれば、「ボールが落ちる場所」ではなく、「ボールを落とす場所」として認識できるはず。であるなら、そこに意識を集中するべき。**ピンを狙うのではなく、落とし場所を見て「あのへんに落とせばいい」と考えて打てばいいのです。**

そもそもピンに寄せるとなると、ボールはグリーンの傾斜など、不確実な要素に左右されます。そうなると我々ができるのは狙ったところに落とすことだけ。それをクリアすることが、アプローチのすべてと言っても過言ではないでしょう。

POINT
ボールの落とし場所に意識を向けるのがポイント
POINT
ダイレクトにピンを狙うのではなく、落とし場所を見て「あのへんに落とせばいい」と考える
89

Step 49

イメージをしっかりつくることがアプローチ上達のコツ

アプローチショットが上手く打てたからといって、必ずしもピンに寄るわけではありません。もちろん寄る確率は高いほうがいいに決まっていますが、ボールのライや傾斜、風、芝目などに影響をされる以上、つねに満足な結果が得られるとは限りません。

ですから**実戦では欲をかかない**こと。今の自分ができることを着実に実行して、「ザックリしてグリーンに乗っただけ」とか「トップしてグリーンをオーバーした」といった類のミスをなくすことを目指しましょう。

「ターゲットを広くとる」のも効果的です。ピンに寄せるとなるとプレッシャーがかかりますから、カップを中心に半径がワンピン（2メートル強）くらいの大きな円内にボールを入れるよう心がけるのです。でも、**イメージづくりはしっかり行ってください。**こう言うと「それは自分の思った通りのボールが打てる人の言うこと」と思う人もいるようですが、そんなことはありません。自分なりのやり方でいいので必ず実行するべき。なぜなら、その繰り返しがイメージの実現につながるからです。

ピンに寄せようと思うほどプレッシャーがかかってやりたいことができない。カップを中心に半径がワンピンの大きな円の中にボールを入れることを目標にする

Step 50

距離感は「ランのボールスピード」を考慮して割り出す

パットと同様、アプローチでも距離感がすごく重要です。そこでここでは、私が実戦で行っている距離感合わせの手順をお話しします。

一例として、ボールからエッジまでが5ヤードで、エッジからカップまでが15ヤード。ピンまでトータル20ヤードのほぼフラットな状況を想像してください。

私がアプローチをする場合、「エッジから2〜3ヤードのポイントにボールを落とす」ことをひとつのルールにしています。

このケースだとボールの位置から7〜8ヤード先のグリーン上に落とし、そこから先は転がしたいので、ひとまずその寄せ方をイメージします。

それができたところで、ボールがグリーンに乗ってから転がるスピードを想像します。落下ポイントからカップまでパターで打つとしたら、どれくらいの強さで打つ必要があるのかを考えるわけです。具体的にはボールから7〜8ヤードのグリーン上に立ち、そこから12〜13ヤードのロングパットをイメージします。

POINT

エッジから２～３ヤードのポイントにボールを落とすのがひとつのルール。落とすポイントからカップまで、どれくらいのボールスピードが必要なのかをイメージ。それに合わせて、「寄せ方」「クラブ」「ボール位置」という順に決めていく

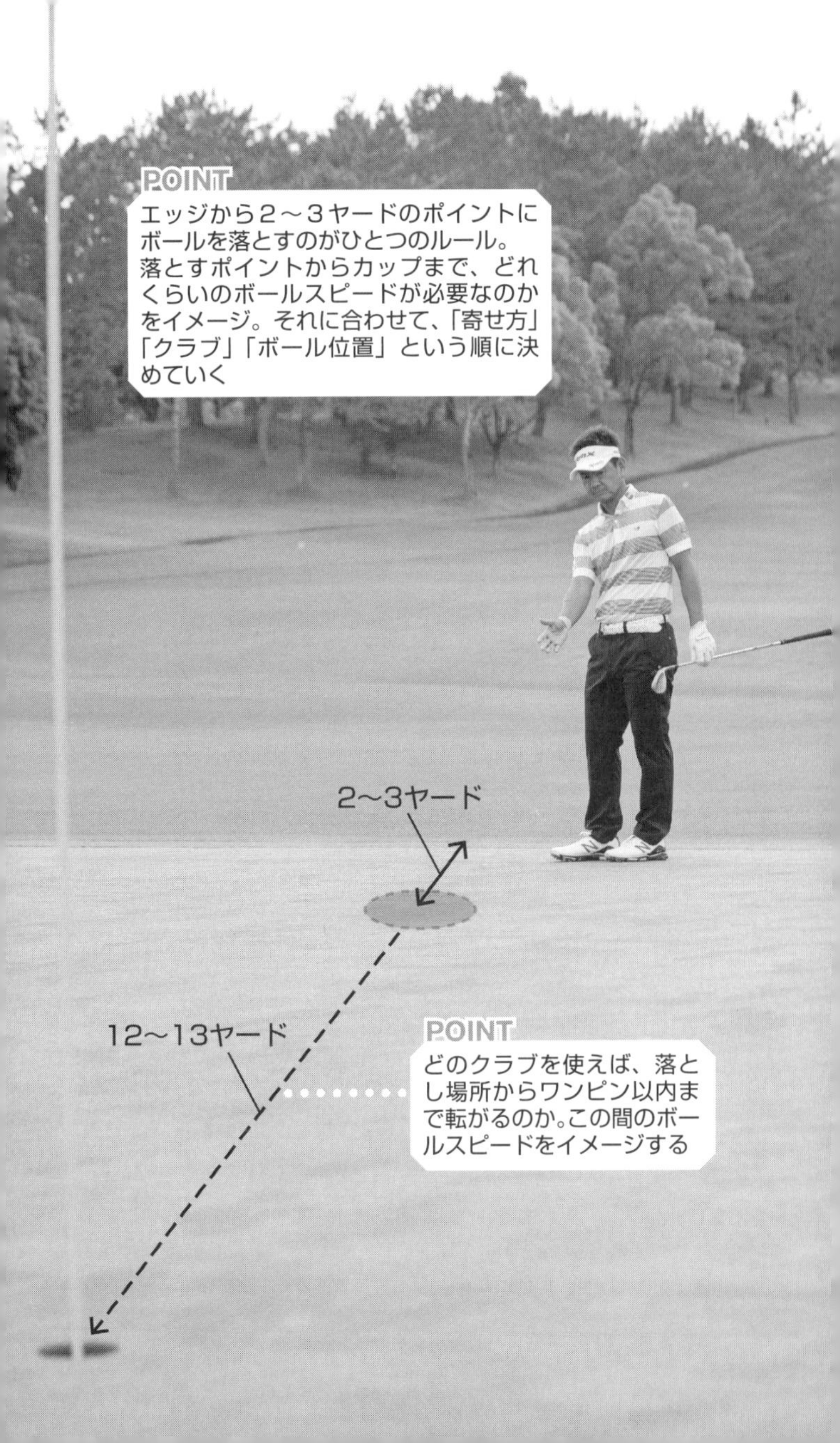

POINT

どのクラブを使えば、落とし場所からワンピン以内まで転がるのか。この間のボールスピードをイメージする

次に「どのクラブで打ったらそのスピードで転がるか」を考えます。たとえば、3番アイアンで打ったらすごく速く転がるでしょう。逆に、サンドウエッジで上げたらショートするのは目に見えています。ピッチングウエッジだとカップの奥3～4ヤードにオーバーするかもしれない……。こんなふうに考えをめぐらせ、ここはアプローチウエッジだなと最終的な判断を下します。ここではじめて使うクラブが決まるわけです。

クラブが決まった時点で、そのクラブで打ったときの映像を自分の中で描きます。普通に打つとショートしそうだと思ったら、ボールを右寄りにして低く出る強めの球をイメージ。それを素振りで再現します。素振りではエッジから2～3ヤードのところへキャリーする動きを繰り返しますが、これがとても大事な作業になります。

ここまできたら自分がやるべきことはすべて決まっているので、新たにイメージすることはひとつもありません。素振りで何度か客観的に打っているので、打ち方で迷うこともありません。

ですから私は、アドレスしてから打つまでがすごく早いと思います。プロ、アマを問わず、構えてからモジモジして「どう打つんだったっけ？」とやっている人に上手い人はいません。そこで考えても時すでに遅し。**成否の8割方は〝打つ前〟に決まっているのです。**

POINT
イメージできたらあとは打つだけ。プロ、アマを問わず、構えてからモジモジしている人は寄らない。アプローチの成否の８割方は打つ前に決まっている
POINT
イメージした落とし場所

Step 51

マウンド越しや2段グリーンの上段に打つときは「キャリー」を使って寄せる

前項では、ボールからカップまでがほぼフラットな想定で説明しました。でも、どちらかと言えばそのようなケースはまれ。そこで距離感出しの応用をしてみましょう。

カップまでの距離は20ヤード、ボールからグリーンエッジまでは5ヤードで、エッジから7ヤードのところにマウンドがある、あるいはそこから急激に上る2段グリーンの上段にピンがあり、その先のグリーンはフラットに近いとしましょう。

この場合、エッジから2〜3ヤードのところにボールを落としたのでは、落下してからのランのスピードを予測するのが難しくなります。

途中にマウンドがあれば減速するのみならず、左右どちらかに切れる可能性もあります。また、上っていればスピードが落ちるのは明白ですが、急激に上る2段グリーンとなると、どこまで遅くなるのかが予測できません。

転がしを多用する私ですが、さすがにこのようなときはボールを上げるアプローチをしたほうが楽です。高くなっているのはエッジから7ヤード付近のグリーン上、その先ピン

POINT
落としどころから先のグリーンの状況をチェック
POINT
カップに向かう途中のグリーン上にマウンドがあると、減速するのはもちろん、切れる可能性もある。２段グリーンとなると、どれだけ遅くなるか予測できないまでの8ヤードは転がしやすい状況ですから、ボールをポンと上げてマウンドや傾斜を越してしまう作戦をとるのです。それが決まったら弾道をイメージしてクラブを選びます。

私だったらサンドウエッジで13〜14ヤードをキャリーさせ、ランを抑えたボールを打ちます。ライがよければスピンを効かせるかもしれません。アマチュアの方の場合、ピンの奥も平らでスペースがあるなら、少しくらいオーバーするつもりでもいいでしょう。

ピンまで下っているケースもありますが、その場合は手前から転がすほうが安全です。私はエッジから2〜3ヤードのところにボールを落とすのがルールですから、それにのっとり、落下させるあたりから12〜13ヤードのロングパットのスピードを想定。その速さで転がるボールが打てそうなクラブを選択します。出球が低くて強いと加速しますから、最後の2〜3ヤードは惰性で寄せるイメージ。サンドウエッジかアプローチウエッジを使い、微妙なタッチはアドレス時のボール位置でコントロールすると思います。

いずれの場合でも一番大事なのは、**グリーンの状況を見て、なるべく明確にラインとボールスピードをイメージすること。**必ず落としどころとグリーンを確認し、どれくらいのスピードで転がるのかを予測します。そして、ボールスピードに対するキャリーとスピンの強さを考え、2つのコンビネーションで全体を把握することです。

POINT
ピン奥が平らでスペースがあれば、多少オーバーしてもいい
POINT
状況にもよるが、途中にマウンドや上りの傾斜があったら、ボールをポンと上げてマウンドや傾斜を越してしまう作戦をとる

Step 52

「右」に飛んだら次は「左」に、「左」に飛んだら次は「右」に振るだけ

ショットは基本的に真っすぐ打つのが無理ですし、ターゲットも比較的広いですから方向性に関しては許容範囲が広い。一方、パットはターゲットがピンポイントですが、方向を合わせるのはそれほど難しくありません。そう考えると、**方向性に関して一番シビアなのがアプローチ**と言えるでしょう。

200ヤード台の短いパー4。ドライバーで残り50ヤードに運んだものの、アプローチが左に飛んでバンカーに入り結局ボギー……などという経験はないでしょうか。これは言うまでもなく、アプローチの方向性に問題があります。

打球が左右に散る原因は2つあります。その大半を占めるのがスイング軌道による影響です。ボールが飛び出す方向がズレるのは、自分の打ちたい方向とスイングの弾道が合ってないから。すなわち、右に飛び出す人はインサイド・アウトに振りすぎており、左に飛ぶ人はカット軌道（アウトサイド・イン）になっていることが多いのです。

次に疑うべきは「フェース面」、つまり「インパクト時のフェースの向き」です。フェ

右に飛んだら
インサイド・アウト
かも…
POINT
自分の打ちたい方向
とスイング弾道が
合っていないとミス
になる
POINT
打球が左右に散るのは
スイング軌道による影響
が大きい。右に飛んだら
インサイド・アウトに振
っている可能性が高い

ース面がスクエアに当たれば、ボールは狙ったところに飛んでいく。これは物理的な法則です。フェースがかぶりすぎていれば左に飛び、開いていれば右に飛ぶということです。目標に飛ばすにはこれらを修正する必要があるのですが、正直、アプローチに関してはあまり難しく考えないほうがいいと私は思っています。特に実戦では、考えれば考えるほど迷って収拾がつかなくなる可能性があります。

ゴミ箱に向かって投げた紙くずが右に外れたら、誰もが次は左に投げます。これと同じで、左に飛んだら左に振ったということ。次は、右に振ればいいのです。

これを理論で固めると「頭を残す」「ヘッドをインから下ろす」「もっとフェースターンを使う」とかいうことになる。こんなことを実戦で考えてもできません。できないことをやるのですから、寄るわけがないのです。ジュニアゴルファーがなぜ上手いのかといえば、スイングを頭で考えないから。右に飛んだら「左に振る」あるいは「左を向く」というようにシンプルに動くだけ。遊び感覚で動いているから、すぐに対応できるのです。

理論で固めると深みにはまる。ショートゲームはそんな危険に満ちた分野です。失敗してきた怖さの蓄積もありますから余計に体が動かなくなる。基本さえ押さえていれば、頭を使って理論に走るより、初心にかえって遊ぶ方向に行ったほうがいい分野なのです。

右に飛んだら
カットに振りすぎ!!
POINT
遊び感覚で
振り方を変えて
みよう
POINT
左右へのミスが出たら理屈に頼らず、
右に飛んだら左に、左に飛んだら右
に振ってみる。そのほうが結果的に
上手くまとまる可能性が高い

Step 53

半端な距離は「体の回転スピード」でアジャストする

私がアプローチでよく使う「58度のサンドウエッジの飛距離」は以下の通りです。振り幅が腰から腰で30ヤード、胸から胸で40ヤード、肩から肩で60ヤード、肩からフィニッシュまでで70ヤード、フルショットで80〜85ヤード。これらのはざまの距離、たとえば50ヤードとか75ヤードは、私にとって合わせにくい半端な距離です。

そのため、なるべく半端な距離が残らないようショットをコントロールしますが、上手くいかなかったときは飛距離をアジャストしなければなりません。そんなとき、一番多く用いるのは**「スイング時の体の回転スピード」を変化させることです。**

たとえば50ヤード打つ場合、胸から胸で体の回転スピードを上げる。逆に、肩から肩でゆっくり振る方法もあります。でも、回転の速さについて説明するのは不可能です。調子が良ければ無意識にどちらかを選択している。まさに感覚の世界だからです。当然、普段から練習を積んでおくことが絶対条件ですが、アマチュアの方は「振り幅と飛距離の関係」を把握しておくことが先決。それがないことには、せっかくの感覚も活かせません。

藤田寛之 58° ＳＷの振り幅と飛距離

腰から腰 30ヤード

胸から胸 40ヤード

肩から肩 60ヤード

肩からフィニッシュ 70ヤード

フルショット 80～85ヤード

半端な距離のアプローチが残ったときは、スイング時の体の回転スピードを変化させることで距離を調節。体を速く回したり、ゆっくり回したりする

Step 54

攻めるときはスピンで、運ぶときは上げてボールを止める

アプローチでボールを止める方法は2種類。「スピンをかける方法」と「ボールを上げる方法」です。ライが良好なら両方とも使えますが、ラフだと上げるしかありません。

スピンをかけて止めるにはフェースを開いてグリップし、ややオープンに立って右足のツマ先あたりにボールがくるように構えます。ハンドファーストのアドレスになりますから、その形を崩さず、体が伸び上がらないように上からしっかり打ち込みます。フォローはとらなくてもＯＫです。

上げて止める場合もフェースは開いてグリップしますが、ボール位置は真ん中より左にします。スイングイメージはややアッパーで、テークバックよりフォローを大きくとる。フォローでボールを飛ばすつもりで打つとボールがフェースに乗ってフワッと上がります。

スピンを効かすとタテの距離感が出るので、攻めていくときはもっぱらこちら。一定のエリアにボールを置きたいときや運びたいとき、下りのラインなどでボールの勢いを殺したいときには上げて止める方法を用います。

運ぶ
POINT
フォローで
飛ばすイメージ

攻める
POINT
体が伸び上がらな
いようにして
打ち込む

フェースを開いてオープンに立つので、ボール位置は真ん中より左。テークバックよりフォローを大きくとり、フォローで飛ばすつもりで

フェースを開いてオープンに立ち、ややハンドファーストの形を崩さないように上からしっかり打ち込む。フォローはとらなくてもいい

Step 55

体の回転で振れば“芯”でとらえられ、芝の抵抗にも負けない

ラフからアプローチをすると、フェースとボールの間に芝が挟まるのでスピンがかかりません。そのためランの出ない高いボールを打って寄せることになります。

ラフの場合、深くても浅めでもボールは芝に乗っています。ボールの下には必ずすき間がありますから、ヘッドがボールの下に潜らないよう注意しなければなりません。完全に浮いているようならソールせず、ヘッドを浮かせた状態で構えたほうがいいでしょう。

打つ前には素振りをしますが、その際にもボールの浮き方を考慮します。深く潜っていると芝の抵抗が強い。浮いていればヘッドがスーッと抜ける。芝の抵抗を感じながら、数回素振りを繰り返して弾道をイメージしましょう。

スイングのポイントは「手先で振らない」こと。体の回転で振ればフェースの芯でボールをとらえられ、芝の抵抗にも負けません。また、ターゲットが近いですが**「思い切って大きめにスイングする」ことも重要です。**ラフが深いときは、フェースを開きますが、その際にはより大きく振る。振ってもボールは高く上がるだけなので躊躇せずにいきましょう。

ラフからのアプローチ

手先で振らず、体の回転で振ればフェースの芯に当たりやすく芝の抵抗にも負けない。ターゲットが近いが、思い切って大きめにスイングすること

Step 56

逆目のラフからは「2つの方法」を使い分けて寄せる

逆目のラフからのアプローチでは、**「フェースを開いてボールを上げる方法」**と**「ダウンスイングでヘッドを鋭角に入れてランを使う方法」**の2つを使い分けています。

前者はピンまでの距離が比較的近かったり、下り傾斜に向かって打つときなどに使います。フェースを開いて目標に向けたら、それに合わせてオープンスタンスでアドレスします。ボールの位置はやや左寄り。ハンドファーストもなくなります。これでスタンスラインに沿って振ると軌道がカットになり、ダウンスイングでヘッドがゆるやかな角度で下りてくる。逆目の芝の抵抗を軽減してボールを上げることができます。

後者はボールを右寄りに置き、ロフトを立てて入れてくる打ち方で、イメージはランニングアプローチです。インパクトに向かってヘッドを鋭角的に入れるのでボールの手前にある芝の抵抗を軽減できますが、逆目なのでフォローが大きく出せません。そのため出球が強くなる。ピンまで距離があってグリーン面を長く使える、あるいは上り傾斜に打っていくシチュエーションなどに向いています。

逆目のラフからのアプローチ

上げて寄せる

フェースを開いてオープンスタンスでアドレス。スタンスラインに沿って振れば軌道がカットになる。芝の抵抗が軽減されボールが上がる

転がして寄せる

ボールを右寄りに置き、ロフトを立てて入れる。ヘッドが鋭角的に入って芝の抵抗を軽減できるが出球が強くなりボールに勢いがつく

Step 57

左足上がり&下がりは低い足を軸にして体の回転でスイング

「左足上がり」の傾斜からアプローチする場合は、**低くなっている右足を軸にスイング**します。私の場合、軸の近くにボールがあったほうがつかまりやすいと考えているので、ボールの位置は真ん中から右足寄り。アドレスで体のラインを傾斜と平行にしたらハンドファーストで構えます。そのままロフトを立てて打つので、グリーン周りはほぼサンドウエッジでまかないます。

「左足下がり」では左足が低いですから、**スイング軸は左足。**軸に近い左足寄りにボールを置きます。ただ、体の右サイドが高いので状況的にはダフりやすい。そのため、ややオープンに立って軽いカット軌道で打つイメージを持ちます。ヘッドが外から下りてくるぶんダフりづらくなります。ボール位置によっては、ややハンドレートのアドレスになります。

双方ともヘッドが傾斜に沿って動くよう、体の回転でスイングします。低いほうの足が軸になっていますから体重移動はありませんが、左足下がりでは、打ったあと右足を一歩前に踏み出すくらいの感じで振ってもいいでしょう。

左足下がり

左足上がり

軸は右足。ロフトを立てて打つので、グリーン周りはサンドウエッジ（ロフト58度）を使う

POINT

打ったあとに右足が一歩前に踏み出るくらいの感じで振ると、すくい打ちにならない

Step 58

ツマ先上がり&下がりはヒザの曲げ伸ばしを抑えて打つ

ツマ先上がりとツマ先下がりではボールと体の距離が変わるので、**体とボールの間隔を変えずに振るのがコツ。**どちらも上体の前傾角度をキープし、ヒザの曲げ伸ばしを抑えて、手首を使わず体の回転で打ちます。

このスイングを実現するには「アドレス」がポイントになります。ボールとの距離が近くなる「ツマ先上がり」はクラブを短く握り上体が起き上がらないようにする。カカト側に体重がかかりやすいので、スイング中に後傾しないバランスで立ちましょう。傾斜がきつい状況では左に飛びやすくなるのでターゲットの右を向いて構えるか、少しフェースを開きます。ロフトのあるクラブほど左に飛びやすいので気をつけてください。

「ツマ先下がり」はボールが遠くなりますが、前傾角度は深くしない。振りやすい角度に前傾したら、ヘッドが届かないぶんはヒザを曲げます。ツマ先側に体重がかかってバランスがとりづらいときは、スタンス幅を広げましょう。

ボールの位置は、ツマ先上がり、下がりともに両足の真ん中です。

ツマ先下がり

ツマ先上がり

上体が起き上がらないようにスイング。左に飛ぶので目標の右を向くか少しフェースを開いてアドレス

POINT

振りやすい角度に上体を前傾したら、ヘッドが届かないぶんはヒザを曲げて重心を落とす。ヒザの曲げ伸ばしを抑えて打とう

Step 59

ショットの中で一番やさしいのがバンカーショット

ガードバンカーからピンに寄せるショットは、ゴルフで唯一ボールを打たないショットです。ボールの手前の砂を打ち、砂が飛ぶ勢いに乗せてボールを押し出す。ですから、ボール手前の砂をしっかり打ち抜くことが脱出の条件になります。

「バンカーが苦手」というアマチュアの方が多い理由は2つ。ひとつは「練習をしていない」＝「慣れていない」から。もうひとつは「特別なショットと考えている」からです。前者については機会を見つけてやるしかありませんが、後者は考え方で変わります。

私が思うに、バンカーショットはショットの中でも一番やさしいショットです。スピンがかからないラフからのアプローチは距離感が出ません。それに比べるとバンカーショットはスピンがよく効きますから、カップ周りの条件次第ではピンをデッドに狙っていけます。

まずは**「バンカーショットは特別なもの」という意識を捨ててください。**コツを覚えて少し練習すれば、誰でも簡単に脱出できるようになります。

POINT
ボールの手前にヘッドを落とすと砂が飛ぶ勢いに乗ってボールが飛ぶ
バンカーショットは特別なショットではありません！
POINT
ボールではなく砂をしっかり打つことが大事だ

Step 60

フェースを開いてグリップ、オープンスタンスでアドレス

バンカーショットと普通のアプローチショットに違いがあるとすれば「アドレス」です。柔らかい砂の上にボールがあるバンカーでは、ロフトを立ててインパクトに向かうと、リーディングエッジが砂に刺さってしまいます。

これでは砂が前に飛びませんから、フェースを開きます。フェースを開くとボールだけをクリーンに拾うように打つイメージを持つ人が多いですが、そんな神業みたいなことはプロでもできません。なにより、できなくても出せる仕掛けがサンドウエッジにはあります。それが「バンス」の存在です。

他のクラブと違ってサンドウエッジのソールには出っ張り部分があります。屋内の硬い床の上にフェースを開いた状態でソールすると、リーディングエッジと床の間にすき間ができますが、これはソール部分が出っ張っている、すなわちバンスがあるからです。**バンカーショットは、バンスから砂に入れていくショット**なのです。

参考までにお話しすると、バンスが多いほどバンカーから出しやすくなります。その反

スクエアな状態からフェースを開き、開いた状態でグリップする。スクエアから手を前に出してフェースを開かないこと

面、ソールが出っ張るので、芝の上から打つ場合、地面に弾かれる可能性があります。ラフからなら打てますが、フェアウェイや硬い地面からは打てません。

「バンスから入れる」などと言うと、「普通のスイングと違う」と感じる人がいるかもしれませんが、早とちりしないでください。

フェースを開くことにより、フェース面はターゲットの右を向きます。そのまま打ったら右に飛びますから、体全体を反時計回りに動かして左を向き、フェースをターゲットに向けます。つまり、オープンスタンスにするわけです。

ボールではなく、ボールの手前の砂を打ちますから、ボールの位置は通常のアプローチショットより2~3個ぶん左。最後に左足に多めに体重を乗せればアドレスは完成です。

飛距離をコントロールする場合も、8割はアドレス頼りです。ターゲットが近いときはフェースの開き具合を大きくします。それにともなってスタンスのオープン度合いも大きくなり、重心も低くなります。ボール位置はさらに左に寄る感じです。

逆にターゲットが遠いときはボールを右に置き、ターゲットの右を向いて構えます。イメージ的にはフックを打つ感じ。実際、このアドレスで打つとボールにフック回転がかかってランが出ます。いずれの場合も、アドレスなりのスイングをすればいいのです。

フェースを開くとフェース面がターゲットの右を向く。体全体で反時計回りに動いて左を向き、フェースをターゲットに向けてオープンスタンスで立つ
POINT
体は左を向く
POINT
オープンスタンス
POINT
フェースはターゲットの右を向く
RMX
YAMAHA
sato

Step 61

ボールを上げるのはクラブ。自分で上げようとしてはダメ

スイングはアドレスに従って行われるもの。アマチュアの方の多くはアドレスとケンカをするようにスイングするため、当たりそこなったり方向性が悪くなったりします。

バンカーショットでも同じです。普通に脱出する場合、フェースを開いてオープンスタンスで構えますが、このアドレスに従ってスイングすると、スタンスラインに沿って振る形になります。

そのため、ボールと目標を結んだラインに対して、スイング軌道は自動的にアウトサイド・インになります。これでヘッドが狙ったところ、つまりボール2〜3個ぶん手前の砂に落ちれば、ヘッドがボールの下に入って砂を飛ばす＝ボールを出すことができます。

バンカーから出ない人に共通するのは、自分でボールを上げようとしていること。ボールを上げるのはクラブの仕事なのですが、信用できないのかボールをすくい上げようとするのです。その結果、ヘッドがボールの下に入っていかない。トップして土手に当たって脱出できない、あるいはホームランになる原因のほとんどはこれです。正しくアドレスが

できたら、狙ったところにヘッドを落とすだけでいいのです。

それができるようになる練習法をひとつ紹介しましょう。スタンスラインに対して直角になるように地面に1本の線を引き、その線より左側を削るようにヘッドを落とすのです。すくい打つ傾向がある人は、線の右にヘッドが落ちますが、繰り返しやっているうちに左サイドが削れるようになります。

これは私が子どものころ、公園の砂場で見知らぬおじさんに教えてもらった練習法で、「これがあったからプロになれた」と言えるくらいショットの本質を突いたドリルだと思います。バンカーで練習する機会があればバンカーで、普段やるなら家のカーペットの模様や線の左にトンと落とす感じでやってみてください。

スイングで注意することがあるとすれば、ボールを直接打たず、なおかつ砂の抵抗があるぶん、飛ばなくなるということ。そのため、普通のアプローチでターゲットまで打つより振り幅を大きくしなくてはなりません。ターゲットが近くて怖いかもしれませんが、そこは慣れるしかありません。

アドレスでは左足体重で構えていますから、体重移動も必要ありません。スイングでは体重が乗っている左足を軸に体を回転させましょう。

POINT

砂の抵抗で飛ばなくなるため、普通のアプローチで同じ距離を打つ場合より振り幅を大きくする

POINT

アドレス時につくった左足体重は変えない。ボールを上げようとしないことも重要だ

ボールの手前にヘッドを“落とす”
POINT
フェースを開いたオープンスタンスのアドレス通りにスイングすると、スタンスラインに沿って振る形になる
オープンスタンス
POINT
スイング軌道は自動的にアウトサイド・インになる

Step 62

ピンが近ければ「アウトサイド・イン」、遠ければ「インサイド・アウト」に振る

一口にバンカーショットと言っても、ピンが近いときもあれば、ピンまでの距離が長いときもあります。そんなときに必要なのが距離の打ち分けです。

まずピンが近いときですが、177ページで紹介した通りアドレスを変えます。繰り返しになりますが、ピンまでの距離を考えてフェースの開き具合を大きくします。フェースを開くほどボールは上がりますから、フェースの開き加減からボールの上がり方をイメージしてください。

それが決まったら、バンカーショットの手順に従ってフェースを目標方向に向けます。当然そのままでは打てないので、自分が反時計方向に回ってクラブが振れるポジションを見つけます。フェースを開いたぶん、構えはフラットになっているのでスタンス幅は広く、また重心は低くなります。

あとはスタンスラインに沿って振るだけ。もちろんボール2~3個ぶん手前にソールを落とすことに変わりはありません。下半身を使わず正しく振れるとスイング軌道はカット

ピンまでの距離を考えてフェースの開きを大きくする。自分が反時計方向に回ってクラブが振れるポジションを見つけたら、オープンになったスタンスに沿ってスイング。カット軌道になってボールが上がる

になります。フェース面が広く使えてボールがフェースに乗る感じで打てるので、ボールが上がるだけでなくスピンがかかってピタリと止まります。

一方、ピンまでの距離が長いときは、スピンをかけず落下してから転がるボールを打ちます。アドレスは通常のバンカーショットとガラッと変えて、ボールを右足寄りに置き、自分も右を向いて立ちます。通常のショットでドローを打つイメージです。このアドレスでスタンスラインに沿って振ると、スイング軌道はインサイド・アウトになります。カットに打った場合とは逆に、ボールにフック回転がかかるためグリーンに落ちてからランが出る。ピンまで距離があるケースでも転がして寄せられるので安全です。

ちなみに、私の場合サンドウエッジのエクスプロージョン・ショットで打てる距離の限界は30ヤードです。グリーン周りのガードバンカーで30ヤード以上の距離を打つケースはほとんどありませんが、アマチュアの方はサブグリーンのバンカーに入れてしまうこともあると思います。そんなときは番手を上げて対応してください。**サンドウエッジで届かなければアプローチウエッジ。それでもキツければピッチングウエッジを使いましょう。**アドレスの取り方と打ち方は基本的にバンカーショットと同じですが、フェースを開きすぎないように注意してください。

ピンが遠いとき

落下してから
ボールは転がる
インサイド・
アウト

アドレスではボールを右足寄りに置き、自分も右を向いて立つ。このアドレスからスタンスラインに沿って振ればスイング軌道はインサイド・アウトに。ボールにフック回転がかかってランが出る

Step 63

〝目玉〟は脱出オンリー。フェースを閉じて上から打ち込む

バンカーの砂が柔らかかったり、ショートアイアンで打った高いボールが真上からバンカーに落ちるとボールが砂にめり込んで、いわゆる〝目玉〟になります。

脱出するにはヘッドを砂に打ち込みますが、**「打球の高さ」「飛距離」ともにコントロールできないので脱出オンリーに徹するしかありません。**通常のバンカーショットは特別なショットではありませんが、目玉のバンカーは特別なショットです。

まずはフェースがターゲットの左を向くくらい閉じた状態でグリップ。ボールとターゲットを結ぶラインに対してスクエアに立ちます。アドレスした状態でボールとヘッドを見ると、ネックとリーディングエッジの間にボールがある感じに見えるかもしれません。

スイングではヘッドを真上から下ろす感じで振ります。ロフトがすごく立っていますからヘッドはトゥ側から砂に潜り込みます。ヘッドが砂に刺さるのでフォローはとれませんが、**イメージ的にはボールを砂から掘り起こすような感じで振ってください。**高さも距離も不確実ですから、アゴは低いほう、距離は短いほうを向いて打ちましょう。

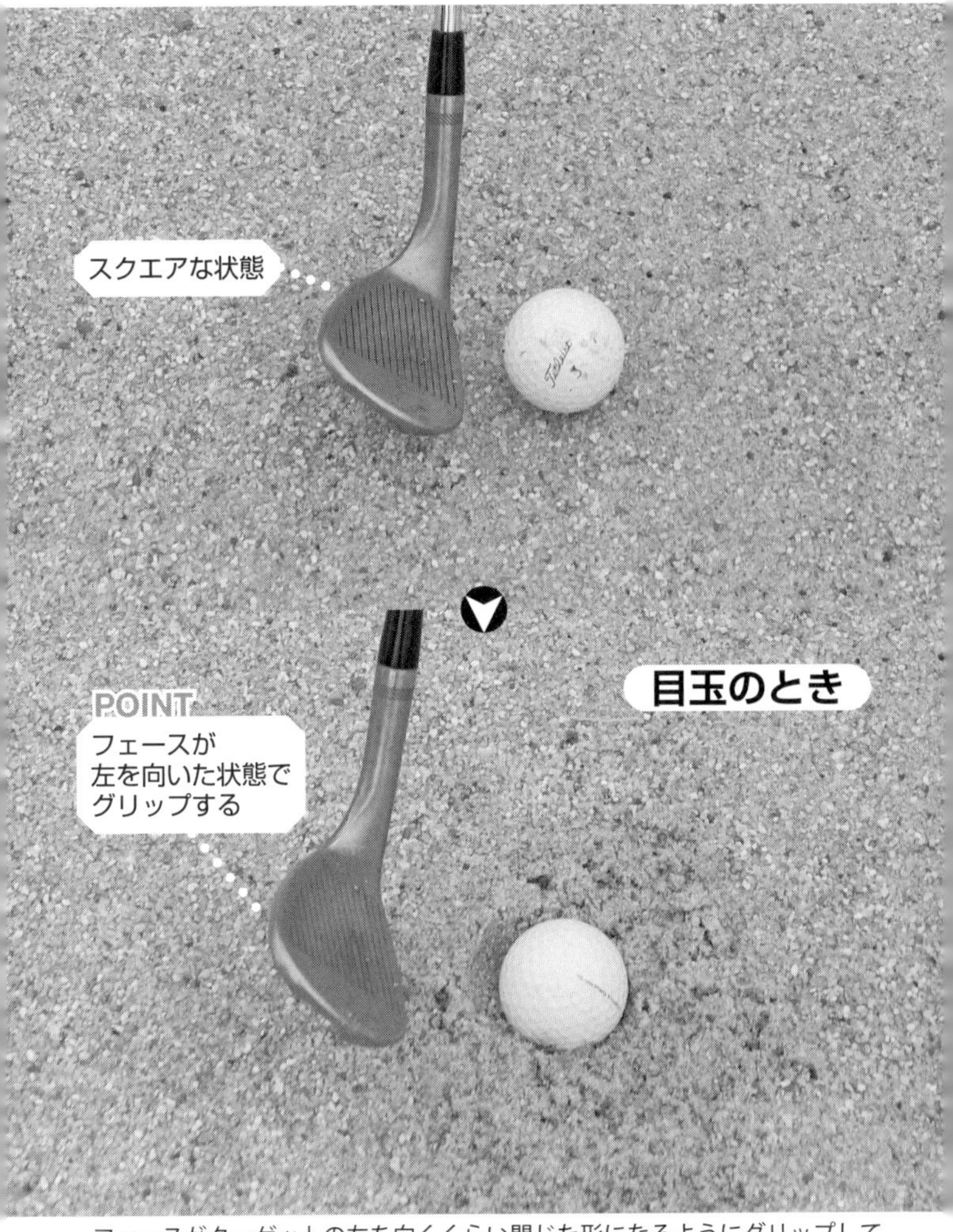

フェースがターゲットの左を向くくらい閉じた形になるようにグリップしてスクエアに立つ。スイングではヘッドを真上から下ろす感じで振る。ヘッドが砂に刺さるが、ボールを砂から掘り起こすようなイメージを持って振る

あとがき

なにかを身につけていくには「順番」があります。でも、すんなりいくことはまれです。パッティングで言えば、まずボールに当てにいこうとして引っ掛け、次に目標に打とうとフェースを開いてプッシュする。アプローチなら、ボールを上げようとしてダフりやトップが出たから、手首を固めてフェースを返さないようにしたらシャンクした……。

このように身についていく過程でもたらされる結果は、歓迎されることばかりではありません。しかし、これはすべてのゴルファーが経験すること。

もし、何年やっても同じミスがなくならないなら、練習不足か、考えすぎです。「考えすぎ」＝「理屈に走りすぎ」。患部に直接手を下せていない可能性があるので、本編でお話ししたように自分の感性に従い、遊び心を持ってやることに立ち返ってみてください。次の「順番」に進むべく、正しい方向に軌道修正ができるはずです。

かく言う私も悩みは尽きません。たとえば、海外の試合でのアプローチ。海外はどこでもボールが沈みます。芝の上にボールが乗るのは日本だけ。日本ではボールの下にすき間がありますから、手前からダフり気味にヘッドを入れてもソールが滑ってくれます。

あとがき

ところが海外ではそうはいきません。すき間がないからダフりはもちろん、クラブが地面に弾かれます。ヘッドが手前から入ってカツンと当たるので、イメージより飛んでしまうのです。これに対応するために何十本というウエッジを試して、やっと見つかったと思ったら、今度はバンカーから寄らない。「あちらを立てればこちらが立たず」の繰り返し。何年やっていても、次から次へと課題を突きつけられるのです。

でも、これは仕方のないこと。みなさんと同様、手順にのっとって解決していくしかありません。そういう意味では、私もみなさんと同じ立場なのです。

今回、この本を執筆することで、過去から現在において自分がやってきたことを見直す機会が持てました。ショートゲームを中心にゴルフを組み立ててきた、藤田寛之の原点に帰れた気がします。と同時に、山積する課題に挑んでいくファイトも湧いてきました。40代も半ばをすぎた私ですが、まだまだ頑張ります！

こんな私に負けないよう、ぜひ、みなさんもファイトを持って取り組んでください。あくまでも、自分の感覚と遊び心を忘れずに。ここまで読んでいただき、本当にありがとうございました。

藤田寛之

■著者略歴

藤田寛之（ふじた・ひろゆき）

1969年生まれ。福岡県福岡市出身。高校1年からゴルフを始め、香椎高校3年のとき、日本ジュニア選手権で4位に入る（優勝は丸山茂樹）。専修大学時代にプロ転向を表明。大学時代は丸山らの陰に隠れた存在で、プロ入り当初も注目度は高くなかった。しかしプロ入りから5年目、サントリーオープン（1997年）でジャンボ尾崎の猛追をかわして初優勝してからトッププロへとステップアップしていった。体も小柄（168cm、70kg）ながらアプローチ、パットなど精緻な小技でゴルフを組み立て、安定した強さを誇っている「アラフォーの星」。2012年は賞金王を獲得。ツアー18勝。葛城ゴルフ倶楽部所属。

著書『ゴルフには上手くなる「順番」がある』（小社）他多数。

ショートゲームには上手《うま》くなる「順番《じゅんばん》」がある

二〇一六年九月二十五日　初版第一刷発行

著者　藤田寛之
発行者　栗原武夫
発行所　KKベストセラーズ
東京都豊島区南大塚二丁目二九番七号　〒170-8457
電話 03-5976-9121
http://www.kk-bestsellers.com/
印刷所　近代美術株式会社
製本所　株式会社積信堂

■スタッフ
構成／岸 和也
撮影／圓岡紀夫　イラスト／A子
協力／芹沢インターナショナル、日本ゴルフツアー機構、フレンド企画
撮影協力／日本ゴルフツアー選手権森ビルカップ Shishido Hills（宍戸ヒルズカントリークラブ）、葛城ゴルフ倶楽部
装丁・本文デザイン／石垣和美（菊池企画）
企画プロデュース・編集／菊池 真

ISBN 978-4-584-13744-4 C0075